山陰文化ライブラリー　10

発掘された出雲国風土記の世界

―考古学からひもとく古代出雲―

内田　律雄

ハーベスト出版

目次

カバー写真
『出雲国風土記』（日御碕本）楯縫郡部分
日御碕神社 蔵
写真提供　島根県古代文化センター

はじめに

島根県外の古代史研究者の方々を、『出雲国風土記』に登場する場所に案内しはじめてから三十年が過ぎようとしている。最初は、原始・古代の遺跡も含めて得意になって案内をしていた。ところが、案内されているのはわたくしのほうであることにまったく気づいていなかった。関和彦著『風土記と古代社会』塙書房（一九八四）を手にするまでは……。そこには、『出雲国風土記』や『常陸国風土記』の世界がいきいきと描かれていた。神話伝承ばかりではなく、何気なく読み飛ばしていた古代の村の姿が復元されていたのである。

『出雲国風土記』を読みこなしているつもりであった。しかしそれは、ただ内容を知っているという程度のものであることを思い知らされた。そして、風土記（文献）を読むということは、単に現代文に訳すことではなく、そこから地域の歴史を読み取ることであるということを学んだ。

そのうち、専門とする考古学の立場で風土記のことを書いてみないかというお誘いをいただくようになった。三十年もたつと本棚には数㎝の厚さに風土記に関係する抜刷がならんでいた。本書には、その中からいくつかを選んで載せてある。出雲国九郡の各郡から一、二を選んでみたのであるが、改めて読み返してみると誤字や脱字、そして内容の稚拙さにも赤面するばかりである。一冊にまとめようとして書いたものではないので、論文らしきものであったり、随想であったり、行き当たりばったりで、まさに内容は逍遥している。最初から書き直したいものばかりである。しかし、あえて書き直さず編集して、正直な自分をさらけ出すことにした。ただ、秋鹿郡と楯縫郡だけは何も書いていないことがわかったので、新たに起稿した。載せなかったものはいつか新知見とともにまとめてみたいと考えている。

なお、初出は各文末に記した。

Ⅰ　意宇郡

八束水臣津野命の故地

天平五（七三三）年に編述された『出雲国風土記』には有名な国引き神話が載せられている。国引き神話とは、八束水臣津野命《やつかみずおみつぬのみこと》という神様が、出雲の国は最初に狭い布のように小さく作ってしまったので、土地を引っ張ってきて作り縫い合わせたという内容になっている。

引き寄せられてきたのは、志羅紀（新羅）の三碕→支豆支（杵築）御埼、北門の佐伎国（不明）→狭田国、北門の良波国（不明）→闇見国、古志の都都三埼（能登半島）→三穂埼（美保関町）。つまり島根半島である。そして、杵築御埼を引いてきた綱が薗の長浜＝大社湾の砂丘地帯、綱をつなぎとめたのは佐比売山＝三瓶山で、三穂埼を引いてきた綱は夜見島（弓浜半島）、つなぎ止めた杭《くい》が火神岳＝大山という何とも雄大な叙事詩となっている。

ところが、この国引き神話は、出雲全体を扱っているにもかかわらず、出雲国九郡の一つである意宇郡の地名起源説話として語られている。最後は国引きを終わった八束水臣津野命が、「おゑ」と言って意宇社に杖《つえ》を立てたので意宇郡というのだとする説明である。出雲という地名については「出雲と号《なづ》くる所以《ゆゑ》は、八束水臣津野命、詔りたまひしく、八雲立つと詔りたまひき。故《かれ》、八雲立つ出雲といふ」として、いとも簡単な説明で終わっている。

そこで、このスケールの大きな神話で説明している意宇郡とはどのような郡なのか、『出雲国風土記』を開いてみよう。

まず『出雲国風土記』の記載が、出雲国全体の大きさや、郡郷里や神社の数を記したあとで、意宇郡から始まっている。それは意宇郡には国庁が置かれていたからにほかならない。

次に各郡の郡司をみると、なんといっても出雲臣が目に付く。しかも、意宇郡には国造職を兼ねた出雲臣広島を含め六人中四人も出雲臣氏が郡司となっている。出雲国全体では郡司三十五人中八人が名を連ねている。従って、意宇郡は出雲に伝統的に勢力を張っていた出雲臣の本貫地であり、それ故、ここに国庁が置かれ、郡司職を独占的に世襲していたと考えるのが一般的だ。

しかし『出雲国風土記』の郡郷里名からみると、出雲国の中心や出雲臣の本貫地は出雲東部の意宇郡ではない。出雲国出雲郡出雲郷、つまり出雲国の創生主で、国引きをした八束水臣津野命が命名した出雲西部の出雲郡でなければならない。

現在、この地方には八束水臣津野命を祀《まつ》る神社がいくつかある（図Ⅰ—1）。もちろん、『出雲国風土記』の神社列記には祭神の記載はなく、延喜式内社にも八束水臣津野命を祀る神社は出てこない。しかし、八束水臣津野命を祀る神社は国境を越えた石見国にも存在していて、三瓶山周辺や斐伊川、神戸川流域の神社に祀られているのである。国学が盛んになった江戸時代以降に新たに祭神としたものもあるのかもしれないが、意宇郡のある出雲東部に同様な神社がないのにはどうも理解ができない*1。

出雲国出雲郡出雲郷に比定される斐川町で、八束水臣津野命を祀るのは富神社である。これこそ『出雲国風土記』出雲郡条に記載された出雲社に違いない。

とすれば、杵築大社の祭神である大穴持命はもともと出雲の土着の神様であったのかという疑問さえ生じてくる。出雲臣氏は律令国造という公的な仕事として、国造就任時や天皇の代替わり時の新賀詞奏上のため大穴持命を祀っていたのであり、出雲社の八束水臣津野命への奉祭は私的な祭祀であったのだ。

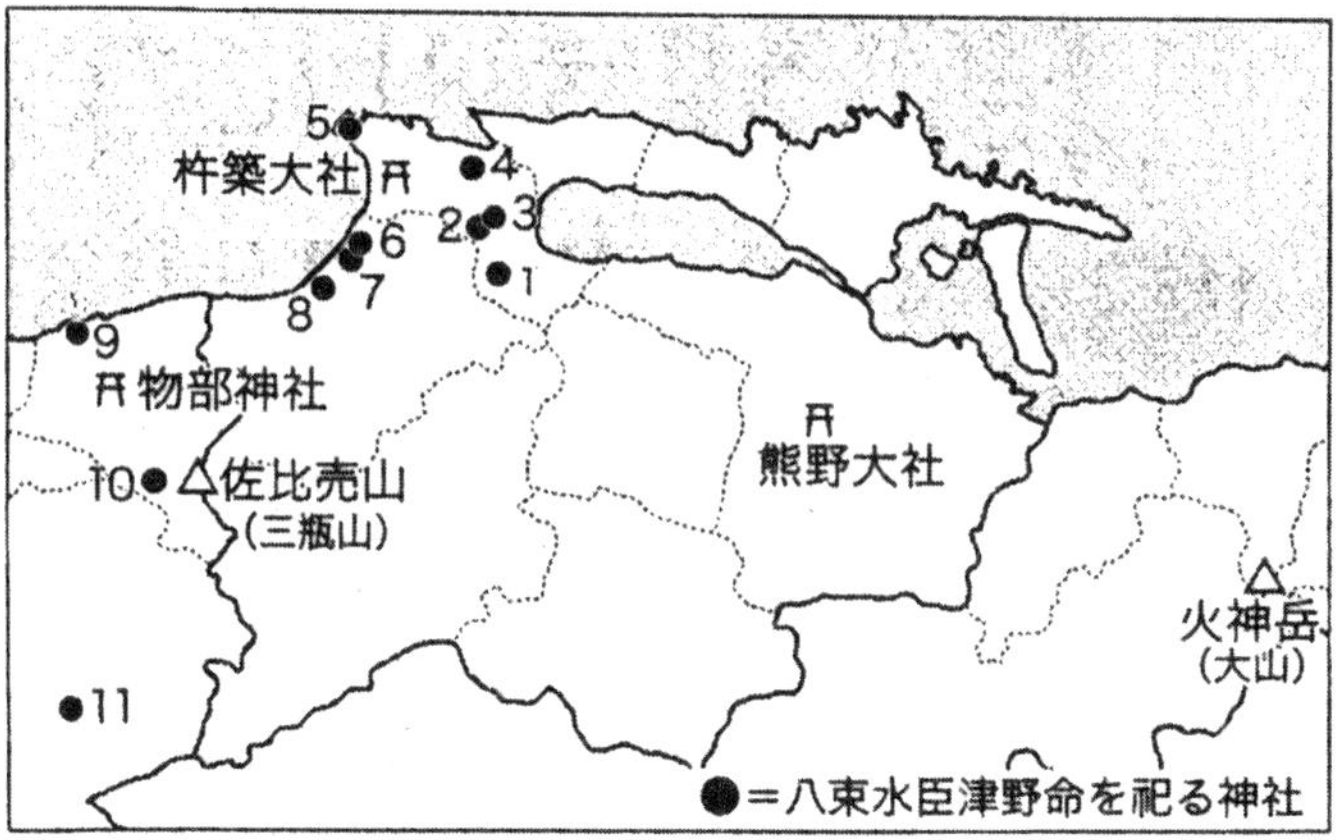

表　八束水臣津野命を祀る神社

番号	神社名	所在地	祭神	
1	富神社	簸川郡斐川町	八束水游美豆奴命	主祭神
2	要石大神	出雲市平田町		主祭神
3	都武自神社	出雲市平田町	八束水臣豆奴命	配祀神
4	諏訪神社	出雲市平田町	八束水臣津野命	主祭神
5	意保美社	出雲市大社町	意弥豆怒命	日御碕神社境内社
6	長濱神社	出雲市西園町	八束水臣津野命	主祭神
7	同	同	游美豆奴命	配祀神
8	国村神社	出雲市多伎町	八束水臣津努命	主祭神
9	佐比売山神社	大田市鳥井町	八束穂宇美津奴命	配祀神
10	高田八幡宮	大田市三瓶町	八束水臣津野命	配祀神
11	龍岩神社	邑南町瑞穂町	八束水臣津野命	主祭神

図Ⅰ－1　八束水臣津野命の分布

もともと出雲臣氏の本貫地は出雲国出雲郡出雲郷を中心とし、それに出雲西部と石見国東部を含む地域であったのだろう。飯石郡の少領であり、出雲臣広島の次に国造になった出雲臣弟山は、意宇郡山代郷に新造院を建立している。郡司が政務を司る郡家の場所と、その郡司の本貫地とは必ずしも一致していない。

このようにみると、薗の長浜を綱として三瓶山につなぎ止めて、新羅から杵築の御埼を引いてきたとするのが国引き神話の原形なのであろう。これが意宇郡の地名起源となるのは、八束水臣津野命を奉祭する出雲臣氏が、国造職とともに国庁のある意宇郡の郡司職を得ることになったからだ。

国引き神話とは律令国家と出雲臣氏との権力関係の中で展開・発展していったものであると推定されよう。そこに在地首長としての出雲氏と、律令官人としての出雲臣氏の葛藤《かっとう》を読み取ることもできよう。

＊1　この他にも、現在、大田市仁摩町の石見八幡宮も八束水臣津野命を祀る。但し、島根県神社庁一九八一『神国島根』には祭神として載せられていない。

（「国引き神話の再検討―八束水臣津野命の性格―」『山陰中央新報』二〇〇八年十二月九日）

熊野大神と揖屋神社

一　はじめに

近年、出雲地方だけではないのですが、列島各地で非常に発掘調査が進みまして、朝鮮半島からもたらされたいろんな遺物が出るようになりました。

出雲地方でもいくつか出ておりまして、楽浪郡の辺りからもたらされた壺甕類です。これらが出雲地方の西部、出雲大社の南方に広がる沖積平野から出土しています。出雲大社の南側に、斐伊川、神戸川という二つの河川でできた大きな出雲平野がございます。その中の出雲市東林木町の山持遺跡という弥生時代後期から古墳時代前期にかけての集落遺跡があります。ちょうど楽浪郡や帯方郡の時期と重なり、楽浪系の土器、瓦質土器といっておりますが、それらが最近出始めております。それからもう少し時代が下って、朝鮮半島に高句麗、百済、新羅の国々などが成立してからのもの、陶質土器といっていますが、出雲市古志町の古志本郷遺跡という集落遺跡から出ております。

二　渡来人の村

一方、図Ⅰ—2に地図を掲げています。これは出雲国府のあった出雲東部の意宇平野です。中央に意宇川という川が流れていますが、その下流域の平野に古代出雲国の国府がありました。この意宇平野でも発掘調査が進んでおります。特に出雲国府跡の下層や布田遺跡では朝鮮半島との関係を示す遺構、遺物が出てきております。それを図Ⅰ—3・4に掲げております。

図Ⅰ—3は出雲国府跡の下層から検出された遺構、遺物です。およそ五世紀の年代になります。一番上は断面が長方形の柱の掘立柱建物跡です。報告書では建物を二棟想定しております。多分それは長方形の柱の方向が若干違っているということだからと思います。このような建物は五平式の掘立柱と言われています。弥生時代からあるのですが、朝鮮半島にもあります。確かに柱の方向は若干違っておりますけれど、一つの建物であったという可能性が強いと思います。非常に有名なのは、対馬に国指定になっている倉庫群がありますが、そこではやはり今でも断面が長方形の柱でもって倉庫を造っています。そのような一棟の倉庫であると私は思っております。その周辺から朝鮮半島で作

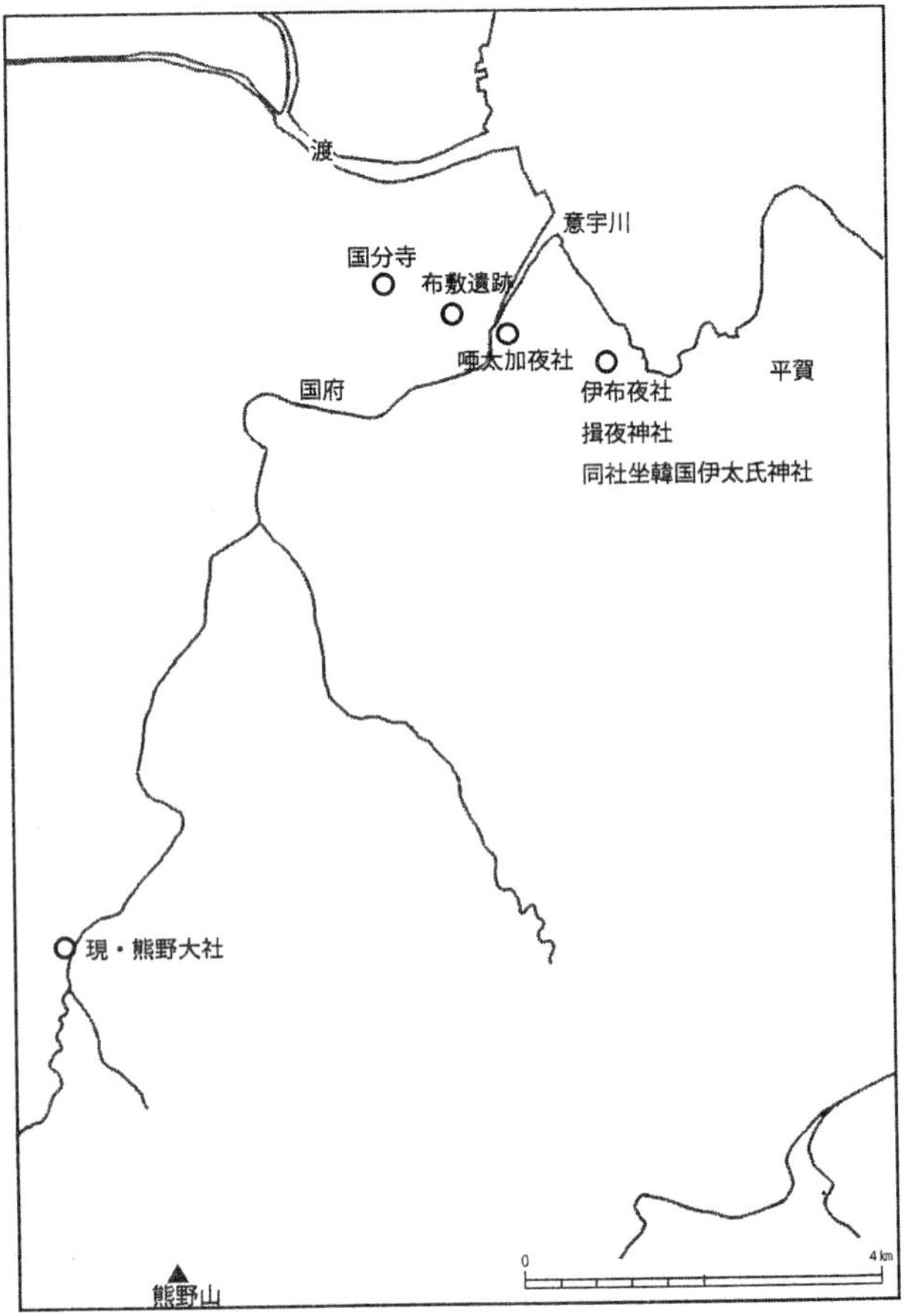

図Ⅰ―２　熊野大社と揖屋神社

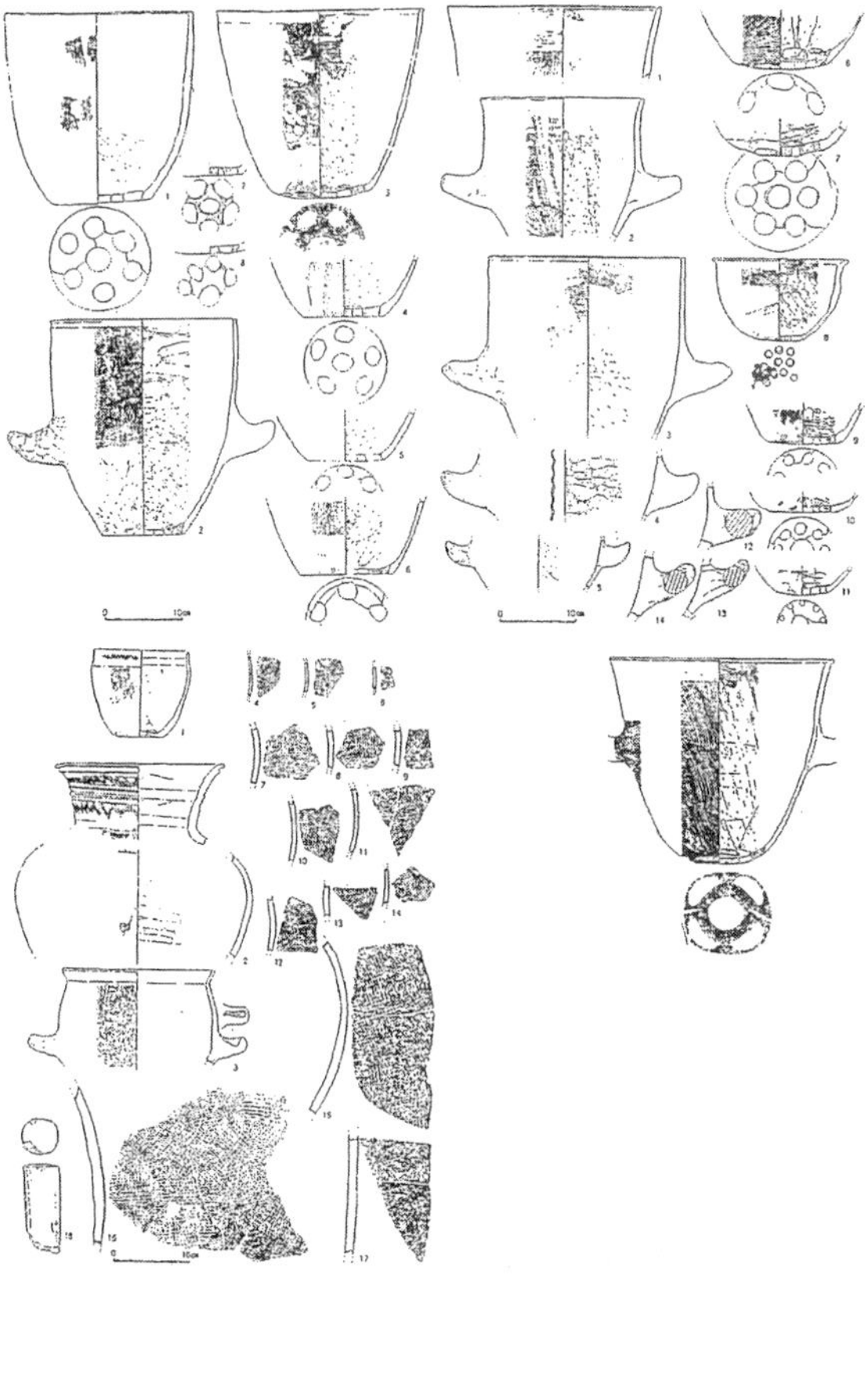

図Ⅰ―3　布敷遺跡出土渡来系遺物（板垣1989より）

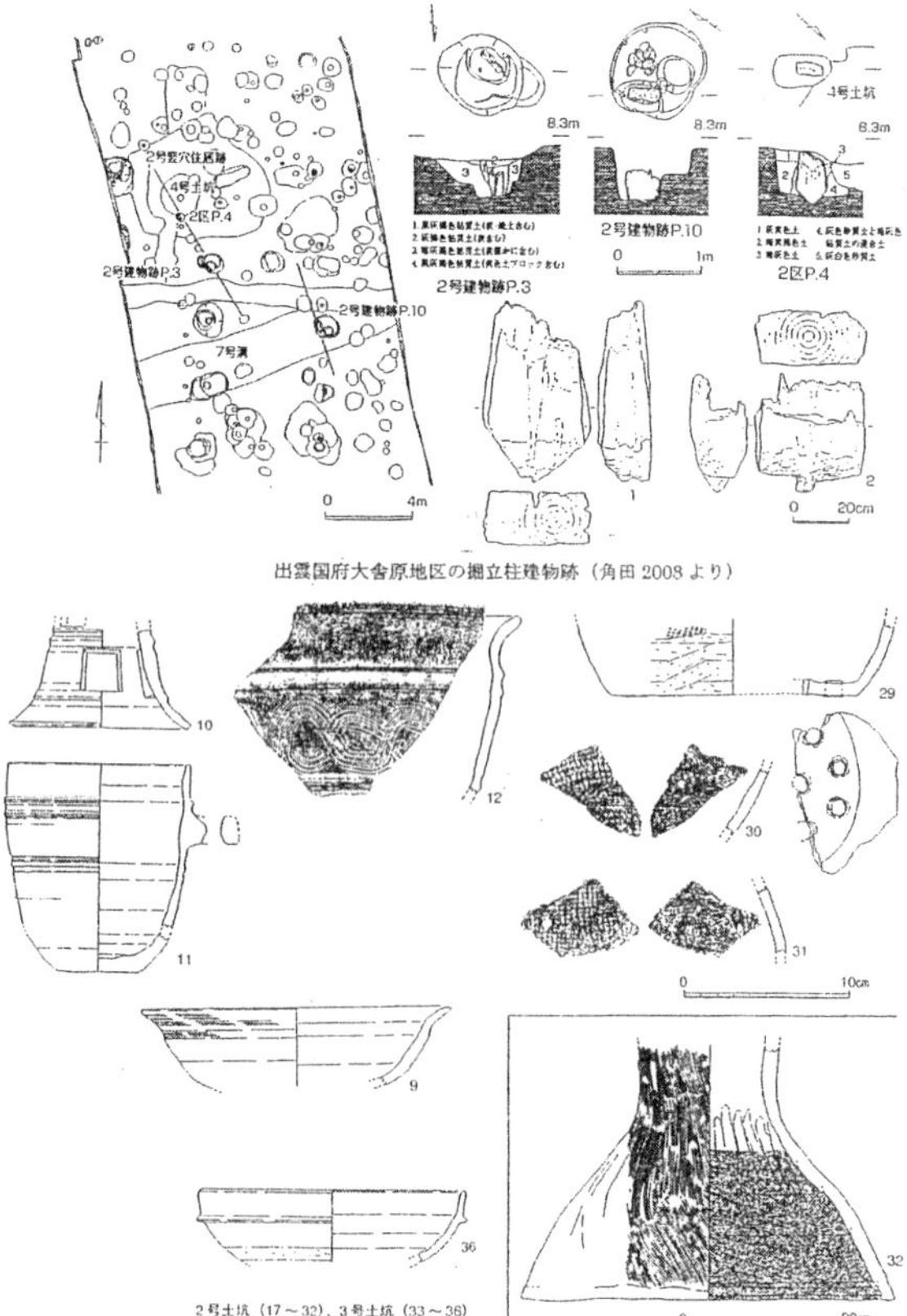

図Ⅰ—４　出雲国府下層遺跡の遺構、及び渡来系遺物（角田2008より）

られた陶質土器が出土しています。右下の土管をひっくり返したようなものは竈の煙突だといわれています。目に付くのは、甑を含めた炊飯用具です。それから図Ⅰ―2の地図には国分寺と書いてある近くに夫敷遺跡があります。図Ⅰ―4が夫敷遺跡から出土した遺物です。ここでも甑が目に付きます。甑は古くから日本にもあるのですが、出雲国府の下層遺跡も含めて、底にこのような複数の穴をあけたものは、それまでの日本にはなかったタイプです。朝鮮半島の人たちが使っていた炊飯器です。なかには日本の初期の須恵器も混じっているかもわかりませんけれど、このことは五世紀ごろに意宇平野に朝鮮半島の人々がやってきて住みついていたということを示すものです。おそらく、意宇平野にはまだ発見されていないこのような遺跡があることが予想されます。出土している陶質土器は、韓国でも加耶の地域のものが多いといわれています。もっと詳しく調べてみないとわからないところもありますが、これは全国的な傾向のようです。少なくとも五世紀頃に意宇平野に渡来人の村があったことは間違いありません。

つまり、出雲地方の西部の出雲平野に出土する瓦質土器は交易がもたらしたものと考えられるのですが、東部の意宇平野から出土する陶質土器は朝鮮半島からの渡来した人たちが居住した結果であろうと思われるのです。

その加耶にこだわってみますと、出雲国府、あるいは夫敷遺跡の近くに、『出雲国風土記』に阿太加夜社と伊布夜社として記されている神社があります。この阿太加夜社《あだかやのやしろ》ですが、その「あだかや」はひょっとすると「安羅伽耶」という彼の地のことではないだろうかと思ってしまいます。

『出雲国風土記』神門郡条多伎郷には、

（神門）郡家の南西廾里。所造天下大神《あめのしたつくらししおほかみ》の御子、阿陀加夜努志多伎吉比売命坐《いま》しき。故《かれ》、多吉《たき》と云う。神亀三年、字を多伎と改む。

とあります。この阿陀加夜努志多伎吉比売命《あだかやぬしたききひめ》という女神は意宇郡の阿太加夜社の祭神でもあると考えられますので、多伎郷にも祭神を同じくする渡来人の集落があったかもしれません。『出雲国風土記』秋鹿郡条には渡村《わたりむら》という村が出て参りますが、これも何処から来た人かわかりませんが渡来人の村と考えられるものです。

三　熊野大神と揖夜神社

それからもう一つの伊布夜社、『出雲国風土記』は伊布夜《いふや》と三字で書いてありまして、『延喜式』では揖屋神社と二字で書いてあります。この伊布夜社というのは『日本書記』の斉明天皇のところで、出雲国造に命じて、出雲の大神宮を造らせ祭ったということと、犬が死人の手を銜《くわ》えたという記事が出てまいります。その時に犬が死人の手をこの伊布夜社に置きます。そのようなかたちで『日本書紀』に出てくるのですが、伊布夜社、つまり揖屋神社ですが、これは国府のところを流れる意宇川の下流域にあります。ちょうど意宇川を挟んだあたりに布敷遺跡があります。そして、その意宇川を遡りまして、水源地にいきますと、**資料Ⅰ―2**の左下の熊野山があります。『出雲国風土記』には、

熊野山。（意宇）郡家の正南一十八里。檜《ひのき》・檀《まゆみ》あり。謂《い》はゆる熊野大神の社坐《いま》す。

とあります。『出雲国風土記』の意宇郡条の神社列記の筆頭に掲げられている熊野大社があったところです。現在の熊野大社はそのもう少し北側の山を下ったところにありま

すが、風土記の時代には非常に高い山、四百ｍの熊野山に社があったというふうに書いてあります。おそらく熊野山そのものが社であったと思われます。視点を変えれば、伊布夜社と熊野大社は意宇川で結ばれているようにみえます。

この熊野大社の熊野を音読みすれば「イフヤ」、韓国語なら「ウンヤ」とか「ユンヤ」となります*1。そうすると伊布夜社というのは彼の地の発音を万葉仮名風に表記したと考えられないかと思います。出雲には『雲陽誌』（一七一七年）という近世に作られた地誌があるのですが、その意宇郡条揖屋（村）のところには、揖屋大明神として揖屋神社（伊布夜社）が出てきます。その説明の中に、「（略）祠官語けるは當社の鎮座神代より今にいたる所なり、【日本紀】に熊野諸手舟と書するは此所の諸手舟の事なりとひつたふ、世人熊野と書てゆやとよませ侍る本字揖屋なり、（略）」という興味深い記述があります。【日本紀】とは『日本書紀』のことなのですが、世間の人は熊野を「ユヤ」と読んでおり、本来は揖屋と書くのだというのです。『出雲国風土記』の神社列記には同名社が沢山あります。神門郡条を例にあげれば、

在神祇官として、　　夜牟夜社

夜牟夜社
同じき夜牟夜社
不在神祇官として、盬夜社
同じき盬夜社

とあって、「やむやのやしろ」は、夜牟夜社とも、盬夜社とも、三字や二字で表記しています。今、意宇郡の熊野大社に関係する社を同様に解釈すれば、「いふやのやしろ」は次の四社をあげることができます。

在神祇官として、　熊野大社
伊布夜社
伊布夜社
不在神祇官として、伊布夜社

となります。近世の人たちは、実は「熊野」は「くまの」ではなくて、「ゆや」といっていたということがわかります。とすれば、熊野大社は古代には「ゆやのおおやしろ」といっていたのでしょうか。熊野大社は「伊布夜」を「熊野」と二文字で漢字表記したことになります。

朝鮮半島を新羅が統一し、いわゆる統一新羅の時代になると、意宇平野のあたりでは炊飯用具のような遺物は出てこなくなります。しかし、出雲国分寺の創建期の軒瓦の文様は優れた新羅系です。これを、韓国に持って行けば、新羅の瓦なのか、日本の瓦なのかわからないくらい新羅的です。ここにも何らかのかたちで渡来人がかかわっていたのでしょうか。『日本書紀』の一書にはスサノオは一旦新羅に行ってから出雲にやって来たとあり、『出雲国風土記』の国引詞章では杵築の御崎は新羅の土地の余ったところから引き寄せてきます。国分寺の建立には出雲臣をはじめとする在地の豪族が深く関わっているといわれているのですが、その瓦当文様に華麗な新羅系デザインが採用されていることにも注意を払う必要があります。

再び熊野大社のことになりますが、その祭神は、『出雲国風土記』では、「熊野大神命」、或いは「伊弉奈枳の麻奈子に坐す熊野加武呂命」、『延喜式』にみえる「出雲国造神賀詞」では「加《か》夫《ぶ》呂《ろ》伎《ぎ》熊野《くまの》大神《おほかみ》櫛《くし》御《み》気《け》野《ぬの》命《みこと》」として出てきます。これらの神名の意味はクシミケヌ以外はよくわからないのですが、仮にこの祭神がもともと渡来人によって祀られていたとすれば、その本来の意味や、出雲臣一族の性格などに問題は波及することになります。現在の熊野大社では「伊弉奈枳の麻奈子」をスサノヲノミコトと解釈して、主祭神になっておりますが、先ほどから申しておりますように、『日本書紀』の一書の第二にはスサノヲノミコトが一旦、新羅の「ソシモリ」に行ってから出雲にやってくることが書いてあることも妙に気になるところです。このような神話の背景にどのような歴史があったのかはよくわかりませんが、意宇川下流域の遺跡や神社のありかたと、無関係ではないように思えます。

四　おわりに

以上、朝鮮半島に由来する地名の可能性のあるところに、渡来人の村があったことを考えてみました。試みにそのような視点をさらにひろげてみますと、出雲だけでなく列島のここかしこに、それも必ずしも朝鮮半島の地名が残っていなくとも渡来人の村が存在した時期があったのではないかとも思われます。『延喜式』には出雲国の意宇郡と出雲郡の六つの式内社に「同社韓國《からくに》伊太氏《いたて》神社」として、「韓國伊太氏神社」を合祀したものがあります。この「同社韓國伊太氏神社」を新羅との緊張関係のなかで捉えようとする考えもできないわけでもないのですが、『出雲国風土記』の意宇郡の伊布夜社や出雲郡の出雲社が『延喜式』の六つの神社と重なっていることを重視すれば、「伊太氏」の前に「韓國」が付けられている意味も、もう少し別の角度から検討する必要もあると思います。

注

＊1 このことについて、熊野を音読みすると「ウンヤ」になると指摘したのは、石塚尊俊一九八六「意宇六社の研究」『古代出雲の研究―神と神を祀るものの消長―』(佼成出版)であり、また、鼎談中に鈴木康民先生から、古代では七世紀後半の字音を表す木簡などによると、「ウンヤ」、「ユンヤ」であるとのご教示をいただいた。

参考文献

板垣　旭　一九八九「夫敷遺跡」『国道9号線バイパス建設予定地内埋蔵文化財発掘調査報告書』Ⅵ島根県教育委員会

角田徳幸　二〇〇八「出雲国府跡下層の古墳時代集落」『島根考古学会誌』第二五集　島根考古学会

(「鼎談：古代の出雲を考える」『出雲古代史研究』第二三号出雲古代史研究会二〇一三を加除筆)

II 嶋根郡

朝酌促戸を渡る

一　はじめに

『出雲国風土記』島根郡条朝酌促戸は、島根郡朝酌郷の記述とともに、意宇郡の熊野大社との関係や、出雲国庁と同所にあった郡家や黒田驛家から隠岐国に渡る島根郡の千酌驛家への驛路や朝酌渡、筌、市人など、出雲古代史を考える場合の示唆に富んだ記述となっている。とりわけ、豊かな水産資源に恵まれていたことの描写は、風土記時代の朝酌促戸の情景を否応なしに思い描かせる。筆者もその魅力にとりつかれた一人であるが、以下、この記述の中に出てくる「筌《うへ》」について検討しながら、あらためて朝酌促戸の情景に思いを馳せてみたい。

二　朝酌促戸の記述

朝酌促戸は島根郡朝酌郷が現在の中海と宍道湖を結ぶ大橋川に面した一帯であることはまず間違いないが、促戸＝瀬戸は対岸があってこそ瀬戸である。対岸は意宇郡大草郷であろう。すなわち大橋川両岸地域が実態としての朝酌促戸である。この瀬戸が風土記の時代に朝酌促戸という島根郡朝酌郷に関係する固有名詞が付いたのは、律令国郡制が敷かれ、瀬戸の南側は意宇郡、北側は島根郡に行政区分されてからである。それまでは大橋川両岸一帯が朝酌促戸と呼ばれていたと推定される。矢田と云う地名が現在も両岸に残っていることもその証左となろう。従って、島根郡朝酌郷の地名起源説話が、*1

朝酌郷（島根）郡家の正南一十里六十四歩。熊野大神命、詔《の》りたまひて、朝御氣《あさみけ》の勘養《かむかい》、夕御氣の勘養に、五贄緒《いつにへのを》の處と定め給《たま》ひき。故、朝酌《あさくみ》といふ。

とするのは、熊野大神が律令制以前の出雲東部の首長によって奉祭されていたころの歴

史的事情が伝承されていたからであろう。律令制下に至っては、意宇郡条に

出雲神戸　郡家正南二里廿歩　伊弉奈枳《いざなぎ》の麻奈古《まなご》に坐《ま》す熊野加武呂《かむろ》命と五百津鉏《いほつすき》を鉏猶《なほ》取り取らして天下造《あめのしたつく》らしし大穴持《おほなもち》命と、二所の大神等に依《よ》さし奉《まつ》る。故、神戸といふ。他郡どもの神戸も是の如し。

とあるように、熊野大神＝熊野大社は杵築大社（出雲大社）とともに律令神祇制度の整備によって定められた出雲神戸によって支えられるようになった。それ以前は、熊野大神の神域は朝酌促戸を中心とする意宇郡西部〜島根郡の広い地域であったと推定される（内田一九九八）。従って、朝酌郷に郷名を付けるときに「朝酌」が採用されたのは律令国家の行政措置の結果であり、かつて熊野大神命の祭儀にあたり贄を貢納していたのは大橋川両岸の集落であったと考えられる。その朝酌促戸はおよそ西の平原から大井濱までと認識されていたことは風土記の記述から知られるところであるが、対岸の意宇郡大草郷側がほぼこれに対応する範囲であろう。

『出雲国風土記』研究の先学の一人である加藤義成は、古写本の一つ細川家本を定本

としながら、萬葉緯本を副本として校訂し、専門である上代文学研究の立場から名著『出雲国風土記参究』を完成させた（加藤一九六二）。加藤は次のように読み下す。

朝酌促戸渡《あさくみのせとのわたり》。東に通道《かよひぢ》あり。西には平原《はら》あり。中央《まなか》は渡《わたり》なり。則ち筌《うへ》を東西に亙《わた》す。春秋に入出《いでい》る大き小き雑《くさぐさ》の魚、臨時《とき》として筌《うへ》の辺《ほとり》に来湊《きあつま》りて、騒駭《おどろきはね》ねて、風のごとく圧《お》し、水のごとく衝《つ》き、或るは筌《うへ》を破壊《やぶ》り、或るは日魚《ひを》と製《な》りて、鳥に捕《と》らる。大き小き雑《くさぐさ》の魚にて、浜譟《さわ》がしく、家闐《にぎは》ひ、市人《いちびと》四方《よも》より集《つど》ひ、自然《おのづから》に鄽《いちくら》を成せり。（竝より東に入り、大井浜に至るまでの間の南北二つの浜は、並びに白魚《しらを》を捕り、水深し。）

とりわけ、次の考察が注目される、加藤は、朝酌促戸を漢文的修辞の妙を味わうべき章と賛辞し、例えば、

風圧、或破壊筌、・・・・・浜譟、市人四集、
水衝、或製日魚、・・・・・家闐、自然成鄽

と構文を比較し、これを「対偶法を駆使しているところなど、作者の漢文的教養と表現の苦心を知ることができる」という重要な指摘をしている。それは加藤一人ではなく、読者は、幾度となく繰り返されてきたであろう写本の為に校訂が困難な箇所があったとしても、そこに美文を感じるのである。そしてこれをもとに加藤は次のような通釈を示している（加藤一九八二）。

「朝酌の海峡の渡し場は、東に千酌への官道があり、西に平野があって、中央が庶民の渡し場である。ここには筌《うへ》を東西にかけ渡して魚を取っている。春秋の漁期には、この瀬戸を出入する大小さまざまの魚群が、時としてこの筌の辺に集まつて来、筌に当つて驚き跳ね、暴風が草木を圧しつけるごとく、また、激流が物に突き当たるごとく筌に当つて、あるものは筌を破つて突き抜け、あるものは陸に跳ね上げられて干魚となり、鳥の餌食になってしまうという有様である。この筌で取れる大小の種々の魚によって、浜べは人々でさわがしく、家々も賑わつて、売買の人が近在から集まり、自然に市場を成している。［この渡から東に向かい大井浜までの間の南と北との二つの浜は、何れも白魚を捕つてい、水が深い。」」

校訂が若干異なってもこのような加藤の示した通釈は誰しもが頭に描く朝酌促戸の情景であろう＊2。

ところで、朝酌促戸は、『出雲国風土記』の古写本である、細川家本、倉野本、日御碕本、萬葉緯本のいずれも少しずつその記述が異なっている。ここでは古写本の中でも最も古いと考えられる細川家本を取り上げる。細川家本の朝酌促戸は、

朝酌促戸　東有通道　西有平原　中央渡　則筌亘東西　春秋入出　大小雑魚　臨時来湊　筌邊騒駿　風壓水衢　或破壊筌　或製日鹿　控鳥被捕　大小雑魚　濱藻家闐　市人四集　自然成墨矣　自竝入東　至于大井濱之間南北二濱　並捕日魚水深也

となっている（秋本一九八四）。

改めてこの文体を眺めてみると、割注の部分を除き凡そ四字で構成されていることに気づかされる。加藤が指摘した漢文的描写を重視するならば、一度はそのような視点で

理解を試みることも必要であろう。これは漢文というよりも漢詩と云うべきである。風土記の時代は既に日本でも漢詩は作られ、長屋王邸の宴席で詠まれた漢詩が『懐風藻』に収録されている。さらに、長屋王邸宅跡から発掘調査された詩稿木簡の中にも、五言古詩の古体詩が認められるという（多田二〇〇二）。その詩稿木簡の出土したSD4750の年代は和銅三年（七一〇）～霊亀三年（七一七）と考えられている（寺崎一九九五）。朝酌促戸の部分も、やはり古体詩の、例えば『詩経』のように四言古詩風のかたちをとっている。『出雲国風土記』は天平五年（七三三）に完成しているが、これが『続日本紀』和銅六年（七一三）の、いわゆる風土記撰進の令に従って編纂されたのであれば、その着手は和銅六年をあまりくだらない時期であったのではなかろうか。とすれば、『出雲国風土記』の編纂に携わった人の中にそのような漢詩の教養を持っており、朝酌促戸を文学的に表現できる人がいたということになろう。それは巻末に出雲国造出雲臣広島とともに名を列ねている総編集者と目される秋鹿郡人神宅臣金太理その人しか考えられない。神宅臣金太理は『出雲国風土記』にしか見えず出自は不明であるが、中央貴族と深く結びついた人か、あるいは渡来系の人であった可能性は考えられないのであろうか。

三　「日鹿」のこと

朝酌促戸の中で最も理解しにくく、校訂がわかれるのは、「或製日鹿」の部分である。前後関係からは「或は日鹿を製す」ということになるが、「日鹿」の表記では意味が通じにくいからである。以下は手元にある風土記の校訂を羅列したものである。

細川家本　或製日鹿

①風土記解　或製日魚　（内山一七八七）

②植木直一郎　（或製日鹿）　或は日鹿と製りて　（一九三六）

③後藤蔵四郎　或製白魚　或製ほし白魚　（一九一八）

④田中　卓　或製日魚　（風土記解に従う）　（一九五三）

⑤秋本吉郎　或製日腊　或《ある》は日《ひ》に腊《きたひ》を製《つく》る　（一九五八）

⑥吉野　裕　（或製日鹿）　あるものは日鹿（乾細魚《ひしこ》）となって　（一九六九）

⑦加藤義成　或製日魚　或るは日魚《ひを》と製《な》りて　（一九八一）

⑧植垣節也　或裂破罷　或《あ》るは罷《あみ》を裂《さ》き破く　（一九九七）

①～⑦は同じ発想である。筌にぶつかって弾き飛ばされた魚が浜辺で干しあがっている様子を想像している。それは後に続く鳥にかかるからである。但し、干魚のことを「日魚」と表記することがあったのかは不明である。また、⑥の吉野以外はその校訂の根拠を示していない。吉野は「日鹿」について、「ヒシカとよんで東北地方に残存しているヒシコ（ゴマメの類）と同語とすべきであろう。」とする。『延喜式』では比志古鰯として備中、安芸、周防等の国々の中男作物としてあげられている。ゴマメは「鱓」、「古女」などと書き、「カタクチイワシの乾製品。正月などの祝賀用とする。田作。」と『広辞苑』にみえる（新村一九九一）。その語源は幼子が一人前でないために大目にみられることで、もとは大きな魚同士が争っている側で泳いでいる小魚にたとえたことにあるらしい。鳥が大きな魚よりそのような小さな魚を狙うのは、鳥のみでなく弱肉強食の世界では一般的にみられることである。とすれば、「或破壊筌　或製日鹿」は今のところ最も吉野の解釈が合理的で説得力がある。しかし、漢詩的に表現されたこの部分に「日鹿＝ヒシコ」という表記は似つかわしくない。

⑧は筌という漁具に対し麗という漁具を対比させたところが理にかなった新たな校訂

として注目される。朝酌促戸＝大橋川を主要な漁場としていたであろう竹矢町の奈良〜平安時代の集落跡である才の峠遺跡からは、多くの土製漁網錘（約百個）や浮子（五個）が出土しているからである（内田一九八三）。その遺跡から確実に復元できるのは刺網であるが、罷のなかにこれを含めてよいのか少し躊躇する。また、「則」以下のところを読めば、ここでの漁具はあくまでも「筌」が前提になっているのであって、そこには実態はどうであれ網類は想定されていない。もちろん「筌」は原始・古代には存在していたが遺跡の中では残ることは極めて少ない。また、春秋毎に罷が壊れるようならば、それに耐えうるような網が設置されたはずである。結局のところ、①〜⑧は文学的に加藤義成が描いたような朝酌促戸の情景を無意識のうちに共有しつつも、そのような世界から離れて、「筌」や「日鹿」などを即物的に、また具体的な復元をしようとしたところに無理があるように思える。

しかし、なにがしかの即物的な「筌」のイメージがなければ具体像は描けないであろう。⑦の加藤でさえも「筌」漁について具体像が描けるものと考えていたらしく、「この条は、大規模な漁場の様を活写した漁業史上の貴重な文献である（以下略）」とも述べている（加藤一九六二）。

そこでより原文に忠実に沿うて解釈するという立場を選び、あえて「日鹿」を活かして考えてみることにしたい。引用するのは『播磨国風土記』讃容郡条柏原里の筌戸である。

筌戸《うへと》　大神、出雲《いづも》の國より來ましし時、嶋《しま》の村《むら》の岡《おか》を以《も》ちて呉床《あぐら》と為《し》て、坐《いま》して、筌《うへ》を此の川に置《お》きたまひき。故《かれ》、筌戸《うへと》と號《なづ》く。魚入《うをい》らずして、鹿入《しかい》りき。此《こ》を取りて鱠《なます》に作《つく》り、食《を》したまふに、み口《くち》に入《い》らずして、地《つち》に落ちき。故《かれ》、此處《ここ》を去《さ》りて、他《ほか》に遷《うつ》りましき。

ここでは「筌」にシカがかかったことがみえる。シカやイノシシが河川や海を泳ぐことはよく知られているが、彼らが「筌」をはじめとする漁撈具に偶然にかかることがあったのは珍しいことではなかったであろう。シカは『出雲国風土記』島根郡条他に記載がみられるが、狩猟において長く追いかけると必ず谷から澤や川に出て泳ぎ渡ろうとするという。海岸では海に飛び込んで泳ぐので、これらの習性を利用して海にシカを追い込んで舟で追いまわして疲れたところを捕獲するという方法も五島列島などでは行われていた（千葉一九七五）。こうした狩猟は古くから広く存在していたようで、一例をあげればシベリアのチュクチ半島の先史時代の岩壁壁画の中には、川か海に追い込んだトナカイを舟から銛で捕獲する様子を描いたものも知られている（前田一九八七）。この筌戸の内容は出雲国の大神が登場するという点が注目されるが、それより、筌戸で捕獲したものから贄を献上することがうかがわれ、朝酌促戸と熊野大神との関係を彷彿させるところがより興味深い。「日鹿」はそのままでは理解できないが、朝酌促戸の文末の割注の中に、「並捕日魚水深也（並びに白魚を捕る、水深し。）」とある。「日魚」は諸本とも「日魚」となっており、これは「白魚」であることはほぼ間違いなく、後段の入海（現在の中海）の項には「白魚」が記されている。ここでは試みに逆に「日鹿」の「日」を「白」の誤記として、該当部分を「或製白鹿」と校訂し、「或《ある》は白鹿《はくろく》を製《な》す」と読んでみよう。すなわち、多くの雑魚が入り乱れる「筌」の中や周辺に時として「白鹿」が入り込んだり、引掛かったりするのである。当然のことながら「筌」は壊れるであろう。仮にそのようなことがあったならば、シカの鱠《なます》は熊野大神に贄の一つとして奉げられたのである*3。校訂した「白鹿」には、古代中国における霊獣のような意味があったとみれば、熊野大神に奉げる贄の一つとしてふさわしい。

ところが、ここまで書いて一つの不安が頭を過った。穿《うが》ちすぎではなかろうかと。そこで冷静になって改めて朝酌促戸の記述を見直してみると、割注部分も含め魚と筌が主題であることに気付かされる。その視点で再度①〜⑧を眺めると、やはり⑥の吉野説が一番妥当のように思われる。「日鹿」は「ホシカ」と読めるからである。九州地方では「ホシカ」は干鰯である。万葉仮名風に小魚の乾物を表記したのである。この時代に、少なくとも魚介類の名称がまだ完全には中国の漢字表記になっていないことは都城出土の木簡が示している（内田二〇一二）。「日鹿」は四言に揃えるための措置であったろうか。また、市とは基本的には魚市であろう。但し、これで「日鹿」の問題が解決したわけではない。今後も多視点から考える必要がある。「或製日鹿」は依然として不明であると云わざるを得ない。ただ、考察の結果が如何なるものであろうと朝酌促戸の元の記述は、加藤が描いた以上に内容が豊かで文学的表現に満ちていたのであろう。

以上のことを踏まえ、細川家本を定本とし、先行研究を参考にしながら次のような仮名まじり文にし、加藤義成の二番煎じになるが朝酌促戸の情景を想像した*4。

朝酌促戸　東に通道あり。西に平原あり。中央は渡なり。則ち、筌を東西に亘す。

春秋に入れ出す大き小さき雑の魚、臨時に来湊りて、風を壓し水を衝き、筌の邉に騒駿ね、或は筌を破壊し、或は日鹿を製す。控し鳥は被ひ捕う。大き小さき雑の魚で、濱藻家闐ひ、市人四より集ひて、自然に鄽を成せり。竝より東に入り、大井濱に至る間の南北二つの濱は、並びに白魚を捕る。水深し。

「朝酌促戸は東に向かう驛路《うまやじ》があり、西には未耕地の広い中州があって、中央は驛路に付随した朝酌渡（の施設）がある。春と秋にはこのあたりの漁民によって促戸の風物誌とも云える筌漁が行われる。春には産卵のために入海の奥に、秋には成長した魚が、出入りするためにこの促戸がまるで大きな魚道かの如く多くの魚が通過するからである。その季節に、平原を利用し*5、東西に筌を列ねて大小様々な魚を捕るのである。あまりにも多くの魚のために、筌にあたった魚が驚き跳ね、それはまるで暴風によって浜に水が激しく衝きあげられているかのようだ。沢山の魚が筌に押し寄せるため、筌は壊れてしまうことさえある。筌にあたり弾き飛ばされた小魚は渚で日鹿《ほしか》になってしまう。すると、上空で旋回していたワシやハヤブサなどの多くの鳥が、日鹿を狙って、矢継ぎ早に急降下しては掴み取り、獲物を被うように大きく羽を広げたかと思うと、素早くどこかに飛び去って行く。春秋の促戸の恩恵に与るのは人間だけではない。このように筌漁で捕らえた大小の雑魚のために、浜々の家は賑わい、何処からともなく市を利用する人が集まって来て、自然に魚市が立つほどである。（この促戸から東に行くと、大井浜までの間には南と北に二つの浜がある。いずれの浜も白魚漁をしており、水は深くなっている。）」

四　筌について

朝酌促戸条には「筌」が三か所も登場し、主要な漁具として使用されていたかのように受け取れる。その「筌」とはいかなるものか。この筌については具体的な漁具を示した研究はこれまでほとんどなかった。「筌」は諸橋徹次『大漢和辞典』によれば、「①うへ。漁具の一。細い竹を編んで魚を捕らえるもの。魚笱。荃に同じ。②ふしづけ。柴などを水中につけ魚をあつめて取るもの。③ついづ。つぐ。銓に通ず。」とある（諸橋一九九五）。「うへ」は「うけ」と同義で魚を受けるからである。①は一般的には竹や木を編んで筒状にし、一方の端を絞った筊（ど・どう）を示す。魚笱は「曲竹を以て作った漁具」とある。「筌」にはいくつかの異なった意味があるが、「うへ。魚を捕へる竹器。筌に通ず。」ともあるのは、形と材質が茶筌（茶筅）に似ているからであろう。とすればこれも①と同様に「どう」と同じ意味である。②は木の枝や笹竹を束にして、エビやウナギを捕る柴漬、③は筌が複数つながったものが多いからであろうか。漢字表記からみると竹や木を材料とした漁具ということになろう。『出雲国風土記』は「和邇」などいくつかの特別なものを除いて、既に名詞が万葉仮名風表記から中国の漢字表記に変わっているので、朝酌促戸の「筌」は中国の漢字の「筌」の意味に最も近い漁具であったはずである。従って、風土記の中の「筌」は、竹や木を使った漁具であり、基本的には網のみの漁法は編集者の念頭に置かれていないとみるべきである。

原始・古代の「筌」の発掘例は、地下水に守られて偶然に残っていたものに限られるが、弥生時代前期の大阪府山賀遺跡、弥生時代後期の福岡県辻田遺跡、七世紀代の静岡県伊場遺跡出土例が知られている（中西一九八五）。何れも筬型である。特に山賀遺跡出土例は全体を知ることができ、それには既に「かえし」がみられ、今日の民俗例に共通している。また、徳島県敷地遺跡からは「ふしづけ」＝柴漬漁の存在を示す木簡が出土しており（内田二〇一二）、古代には現在と同じように複数種類の「筌」があったことがわかる。さらに、実際には「筌」は①〜③以外に多くの種類が使用されていたとみてよい。**表Ⅱ—1**は近世末の漁業を反映していると思われる『日本水産捕採誌』(農商務省一九一二)による「筌」とその同類漁法を掲げたものである。これらは皆一般的に「筌」とよばれる漁具・漁法である。近代までには多様な発達をしたようだ。内水面が中心であるが、日本海ではシイラ漬けまでに発達した。網と併用されることともあり、大橋川(朝酌促戸)では近年まで「芝手:しばて」として、柴垣(芝手)と刺網を鍮状に組み合わせてシラウオやアマサギ(ワカサギ)を捕っていた(佐々木二〇〇二)。この芝手漁は少なくとも明治初年までは遡るが(勝部・河岡一九九七)、朝酌促戸と大井浜の間の南北二つの浜に記載のある「白魚」は、この芝手漁や、一般的にみられる四手網で捕獲されていたと看做してよいであろう。また、中世大橋川の「筌」の一例として、天正一七年(一五八九)の売布神社文書にみえる「筌」がある。

口上

白潟橋姫御神領事筌(越中網柴手)上下並御頂田共従先年被置抱申由候その手筋を以則預け置候御公役等堅固に可有御調候将に御祭以下等之事は重而可為議定候何茂

向役共に無相違ために一筆件如

天正十七年拾月廿六日
小川善兵衛方友（花押）
御中間神右衛門（花押）

白潟橘姫とは現在の松江市和多見町の売布神社のことである。毛利元就が白潟神社に神社筌を安堵したものであるが、越中網も柴手も「筌」として認識されている（日本学士院一九八二）。社伝によれば旧社地は白潟町の円城寺付近の宍道湖に面した岩鼻であったが、東に向かい砂州が発達すると現在の位置に社殿が移ったと伝えられている。主祭神は速秋津比売神で、境内には櫛八玉神、豊玉彦神、豊玉姫神という海に関係する神々を祭神とする和田津見神社がある。現在も大橋川の漁師によって支えられている。明治初年の大橋川漁業史料の絵図によって、その「筌」の構造が知られる。越中網は袋網の口に「ハ」の字状に魚を誘導する柴垣をつけたもので、柴手は「白魚張待網漁芝手」とあるので（勝部・河岡一九九七）、おそらく刺網と柴垣を鍵状に組み合わせた構造であろう。

以上のようにみれば、古代の朝酌促戸には、複数種類の「筌」が使用されていたことが推定される*6。前掲の**表Ⅱ—1**によると「筌」には漢字の意味と同様に、様々な種類があり、名称も一つでなかったことが知られる。したがって、『出雲国風土記』の朝酌促戸の「筌」は、ある特定の「筌」を指しているわけではなく、一般的な概念での「筌」のことと理解される。つまり、一つであれ、二つであれ、特定の「筌」をあげることはできない。風土記に記載された朝酌促戸の「筌」とは、数種類の「筌」を使用した漁撈の実態を背景に持ちつつ、豊かな漁場を描写する観念的な「筌」であった。「梁」と同様に内水面漁撈を詠うときの慣用語と云ってもいいだろう。

五　筌の訓読

さて、「筌」は、日本では魚を受けるから「うけ」とか「うえ」と呼ばれていた漁撈具の語義に矛盾しない漢字の「筌」をあてたと考えられる。これまで述べてきたように「筌」は「ヒビ」もふくめて複数の呼称があったが、『出雲国風土記』の朝酌促戸の「筌」を「ヒビ」と読ませる説がある（関二〇〇四・古代出雲歴博二〇〇八・森田二〇〇九）。その根拠は天保四年（一八三三）の『出雲神社巡拝記』意宇郡条白潟大明神の記載である*7。

巡拝記の記述は前掲の売布神社文書の内容にほぼ同じであるが、「筌」について「（略）今のしバて網と云物を古へハ筌《ヒビ》と云て（略）」とあり、「ヒビ」とルビを付けていることによる。しかし、このことについてはいくつかの問題がある。一つは古《いにしえ》とは何時のことか、もうひとつは巡拝記の編纂者は如何にしてそのことを知り得たかという問題である。このことをもって『出雲国風土記』朝酌促戸の「筌」を「ヒビ」と読ませることは出来ない。もちろん売布神社文書にはルビはない。巡拝記の編纂者の知識の一つであったと思われる。因みに、安政三年（一八五六）の『出雲風土記假字書*8』、及び永禄九年（一五六六）書写の『和妙類聚抄』（榎一九九二）は「筌」に「ウヘ」とルビを打つ。

「筌」に包摂される「ヒビ」にも、いくつかの種類がある。近世の一例として寛政十一年の『日本山海名産図会』の牡蠣がある（千葉一九七〇）。広島県は古くからカキの養殖が開発されてきたところであるが、「広島牡蠣畜養之法」牡蠣（一名石花）畜養《ちくよう》として絵を掲げ、ヒビに関する次のような記述がある。

　畜所《やしなうところ》各城下より一里或は三里にも沖に及べり。干潮《ひしお》の時潟《がた》の砂上に大竹を以て垣を結い、列ぬること凡一里許、号《なづけ》てひびと云。高一丈余長一丁許を一口と定め、分限に任せて其《その》数幾口《いくくち》も蓄えり。垣の形への字の如く作り、三尺余の隙を所々に明て魚其間に聚《あつまる》を捕《とらう》也。ひびは潮の来る毎に小き牡蠣又海苔の附て残るを、二月より十月までの間は時々是を備中鍬にて掻落し、又五間或は十間四方許、高一丈許の同じく竹垣にて結廻したる籞《いけす》の如き物の内の砂中一尺許堀（掘）り埋み、畜うこと三年にして成熟とす。海苔《のり》は広島海苔とて賞し、色々の貝もとりて中にもあさり貝多し。

ここでいう「ひび」とは、瀬戸内海の干満の差を利用し、への字状の竹垣をいくつも海に作り、ヒビの隙間から逃げる魚や、ヒビに着いたカキやノリを取る他に、アサリも捕るというものである。『日本水産捕採誌』の分類に照らせば簄《えり》類の八重篊《やえひび》ということになる。同じように潮の干満の大きな東京湾には、八重洲、日比谷、渋谷、入谷など、かつて盛んに行われていたであろう簄罧類に因む地名が今に残っている。日比谷は関和彦が指摘するようにノリ生産の篊《ひび》に由来する（関二〇〇四）。また、八重洲は八重簀であろう。渋谷は柴漬、入谷は魞《えり》に関係する地名であろうか。いずれも、一般的な「筌」に包括される漁具・漁法である（表Ⅱ—1）。

Ⅱ　嶋根郡

表Ⅱ―1　『日本水産捕採誌』による筌に関係する漁具・漁法の分類

第1編	網罟	(略)						
第2編	釣漁業	(略)						
第3編	特殊漁業	第1章	扠鈎具類	(略)				
		第2章	筍筌類	第1節	筍類	第1	筌	安芸：鮎・洲蟹・鰻・いだ
						第2	鰻ドウ	下総：鰻
						第3	竪筌	利根川：鰻・雑魚
						第4	太鼓ドウ	下総：蝦
						第5	鯉筌	下総：鯉
						第6	鮒筌	小見川町：鮒
						第7	ウロ	石見：鰔・鮒
						第8	ヒビ	肥後：雑魚
						第9	ウサ突	肥後：(雑魚)
						第10	イダギ	伊豫：(雑魚)
				第2節	筒類	第1	蝦筒	陸前：蝦
						第2	ハネコミ	武蔵：鮹
						第3	桶漬	肥後：(雑魚)
						第4	八ッ目筒	越後：八ッ目鰻・鮭・鱒・雑魚
						第5	状鰻籠	備前：状鰻
						第6	烏賊籠	九州：烏賊・カヅイカ・マイカ
						第7	油螺籠	因幡：油螺
						第8	鮑延縄籠	陸奥：鮑
						第9	アブオコ籠	陸奥～北海道：(雑魚)
				第3節	壺類	(略)		
		第3章	梁類			第1	梁	安芸・越中・肥後・加賀：鮎他
						第2	網梁	肥後：鮎
						第3	筌梁	肥後：鮎
						第4	嚢梁	信濃：鰻・(雑魚)
						第5	壺梁	信濃：(雑魚)
						第6	樋梁	(雑魚)
						第7	鰻待梁	近江：鰻・(雑魚)
		第4章	簄罧類	第1節	簄類	第1	簄	近江：鮒・鯉・鰔・雑魚
						第2	簀建	霞ヶ浦：鯉・鮒・雑魚
						第3	簀巻	霞ヶ浦：雑魚
						第4	沖波瀬	筑後：雑魚
						第5	潟瀬波	筑後：蝦虎・白蝦・雑魚
						第6	八重箯	安芸：雑魚
						第7	八重簀	伊豫：黒鯛・雑魚
				第2節	罧類	第1	キリコミ	常陸：鯉・鮒・蝦・雑魚
						第2	固篍	越後：鮭
						第3	築磯	淡路：胡椒鯛
						第4	株浸木	山城：雑魚
						第5	篠漬	陸前：蝦・(雑魚)
						第6	烏賊柴	豊前：烏賊
						第7	鹿朶漬	出雲：蝦
						第8	鰣漬	山陰～北陸：鰣

(農商務省1912を加除筆して作表)

なお、ここで取り上げるほどのことではないかもしれないが、島根県立古代出雲歴史博物館には朝酌促戸の「筌」を復元したものが展示されている。その根拠を示した展示解説には次のように記されている（古代出雲歴博二〇〇八）。

『出雲国風土記』によると、「朝酌促戸」の東西に「筌」をわたして多くの魚をとったことが記されています。それでは「朝酌促戸」で行われた筌漁とはいかなる形態の漁なのでしょうか。「筌」といえば、一般的には時代劇で貴族や武士が頭にかぶる烏帽子のような形をイメージする場合が多いようです。平安時代の辞書である『和妙類聚抄』によれば、「魚をとる竹製の器」と書かれ、「うけ」あるいは「うえ」と訓む場合が多いようです。

ところが、『出雲神社巡拝記』という江戸時代の史料によると「筌」は出雲では「ひび」と読まれていたことがわかります。朝酌瀬戸の「筌」を「ひび」と読んだとすると、連想されるのは東京湾において昭和三十年代頃まで行われていた海苔の養殖です。そこで使われていたものは、まさしく「ひび」でした。「ひび」とは、木や竹の枝を束ねたもので、そこに海苔の胞子を付着させて海苔に海藻に育成させるものですが、古代出雲で使われたであろう「筌」もそのような形をしていた可能性が出てくるのです。改めて、出雲の文献を読み直すと、これも近世の史料ですが、『雲陽誌』という江戸時代の地誌によれば、朝酌促戸で行われた筌漁について、魚見山（魚見塚古墳）の眼下でエビス神が、水中に竹木を刺して魚を釣ったことが「筌の始め」だとされているのです。それは、一般的に考えられている「うえ」あるいは「うけ」としての「筌」とは全くちがいます。

古代出雲歴史博物館に展示されている筌漁模型は、このような研究成果をもとに再現したものです。このような漁法は、当然、広大な水面を占有することを意味します。（以下略）」

そして、展示模型は柴漬漁に使う大きな柴束に似たものを水中に立て並べて、これを「筌《ひび》」とし、研究の成果だとする。風土記の「筌」は特定できないことは既に述べたとおりであるが、仮に「春秋入出大小雑魚」を捕獲することを想定し、「筌」の一つをこのような漁具として復元しようとするならばその根拠を明確にすべきである。これでは精々、エビ、小魚、ウナギなどが着く程度であり、ましてやそれらの魚類が押し寄せて

「筌」が壊れるようなことはない。漁具としてあり得ない復元である。森田喜久男は文献上の「筌」を検討し、「しばて網」であった可能性を指摘しているが（森田二〇〇〇、二〇〇九）、これでは大きな魚や多量の魚の確保は無理である。復元の元にしている「ひび」によるノリの養殖は、将軍家に上納するために延宝元年（一六七三）～享保末年（一七三五）の間に東京湾で開発された。それは木篊《きひび》（～大正初期）から竹篊《たけひび》へ（明治初期～大正初期）、そして網篊《あみひび》（大正九年～）へと形態が漸進的に変遷した（藤塚一九八九）。また、『雲陽誌』の記載は関和彦が指摘するように、「あくまでも『出雲国風土記』の朝酌促戸渡にみえる「筌」を意識し、取り込んだ伝承」であり（関二〇〇四）、そのこと自体が多賀神社の由緒を全面的には信用できないことを示している。ただ、関が続けて、「現在も大橋川河畔に立つ鳥居前の川中にその「筌」を模した竹を四角に立てた祭祀施設がある。」とするのは単なる勘違いである。その祭祀施設はこのあたりの漁村でどこでもみられる通称「リンゴンサン」の祭りのときに立てられるもので、龍神信仰の祭祀施設である。一般の神社でも祭礼の時には境内にこれを作る。本来ならば祭祀が終われば取り払うべきものである。

朝酌促戸の「筌」についてこれまで述べてきたようにみれば、朝酌郷あたりで仮に

「ひび」と云っていたとしても、少なくとも『出雲国風土記』の中では「筌」は「うえ」、「うけ」、又は音読みで「セン」と読ませていたはずである。「ひび」と読ませるならば「篊」という漢字が使用されていたのではなかろうか。

六　おわりに

以上、想像を重ねながら朝酌促戸の「筌」について考え、風土記編纂者が描いた「瀬戸」の情景をあらためて思い描いてみた。『出雲国風土記』は完本ではない。特に島根郡は写本の過程で大きく脱落した箇所が目立つ。近世の国学者たちはそこを復元しようとした（平野一九九六）。『萬葉緯本』や『出雲風土記抄』は彼らの優れた復元研究の成果である。彼らは今よりはるかに風土記の時代に近い景観を見ていたが、それでもまだ補うことのできなかった箇所も多い。

これらの事を勘案すると、ここで思い描いた朝酌促戸の情景は古代のそれとは大きくかけ離れているかも知れない。それでもなお想像をめぐらせずにいられないのは、風土記の持つ魅力がそうさせるのである。前掲の松江市竹谷町の才ノ峠遺跡や、朝酌町のキコロジ遺跡（江川二〇一二）のような風土記時代の集落遺跡が今後明らかになるのを期待する。

注

＊1　以下、風土記の引用は『日本古典文学大系』（秋本一九五八）を採用するが、若干の加除筆をしている。

＊2　萬葉緯本や『出雲風土記抄』は、朝酌促戸は朝酌促戸渡、となっており、加藤はこれを採用し促戸に官民二つの渡しがあったとする。

＊3　直接的な関係があるか不明であるが、現在の熊野大社では十一月に御狩祭が行われている（島根県神社庁一九八一）。

＊4　定説に従い墨は鄽とする。

＊5　古代のままであるとは思えないが、朝酌促戸の平原にあたるところは、現在、大きな中州となっており、数軒の人家の他は水田となっている。平原が風土記に記されたのは筌を東西にわたすことと関係があるからと考えた（内田一九九八）。この中州には、沖輪や沖ノ原等の近世からの地名が残っている（黒田二〇〇〇）。

＊6　因みに、風土記時代の入海である現在の中海―大橋川（朝酌促戸）―宍道湖で行われているシジミ漁を除く主要な漁法は刺網、ます網、越中網、延縄、柴漬、籠漬などである。

＊7　出雲大社所蔵のものを参照した。
＊8　島根県立図書館所蔵のものを参照した。

引用・参考文献

秋本吉郎　一九五八「風土記」『日本古典文学大系』2岩波書店
秋本吉徳編　一九八四『出雲国風土記諸本集』古典資料類従38　勉誠社
植垣節也　一九九七「風土記」『新編日本古典文学大系』小学館
内田律雄　一九八三「才ノ峠遺跡」『国道九号バイパス建設予定地内埋蔵文化財発掘調査報告書』
内田律雄　一九九八『出雲国造の祭祀とその世界』大社文化事業団
内田律雄　二〇一一「軍布を「メ」と訓むこと」『出雲古代史研究』第二一号　出雲古代史研究会
内田律雄　二〇一二「徳島県敷地遺跡出土の柴漬木簡」『動物考古学』第二九号　動物考古学会
江川幸子　二〇一一「農村振興整備事業宍道湖中海沿岸地区（長善寺ため池）キコロジ遺跡発掘調査報告書」『松江市文化財調査報告書』第一三八集　松江市教育委員会
榎　栄一　一九九二永禄九年書写『和妙類聚抄』名古屋市博物館資料叢書二　名古屋市博物館
内山真竜　一七八七『出雲風土記解』
加藤義成　一九六二改訂増補新版『出雲国風土記参究』原書房
加藤義成　一九八一修訂『出雲国風土記参究』今井書店

勝部正郊・河岡武春　一九九七「中海・宍道湖の漁具漁法と背景」『民具マンスリー』九巻九号　神奈川大学日本常民文化研究所
黒沢長尚　一七一七（享保二）蘆田伊人編集校訂『雲陽誌』大日本地誌大系四二雄山閣
黒田裕一　二〇〇〇「朝酌の地名と地理」『出雲国風土記の研究Ⅱ（島根郡朝酌郷調査報告書）』島根県古代文化センター調査研究報告書7島根県古代文化センター
佐々木興　二〇〇二「宍道湖の漁具・漁法解説」『宍道湖・中海の漁具、漁法』島根県立宍道湖自然館ゴビウス
島根県神社庁　一九八一『神国島根』
島根県立古代出雲歴史博物館　編集・著作　二〇〇八「朝酌瀬戸の筌漁」『古代出雲歴史博物館展示ガイド』第2版第1刷発行
関　和彦　二〇〇四『出雲国風土記註論（島根郡・巻末条）』島根県古代文化センター調査研究報告書25　島根県古代文化センター
関　和彦　二〇〇六『出雲国風土記註論』明石書店
多田伊織　二〇〇一「長屋王の庭」『研究論集』Ⅻ―長屋王家・二条大路木簡を読む―奈良国立文化財研究所学報（第六一冊）奈良国立文化財研究所
千葉徳爾註解　一九七〇『日本山海名産名物図会』
千葉徳爾　一九七五『狩猟伝承』ものと人間の文化史一四　法政大学出版局
寺崎保広　一九九五「SD４７５０出土木簡」『平城京左京二条二坊・三条二坊発掘調査報告―長

屋王邸・藤原麻呂邸の調査―』奈良国立文化財研究所学報第五四冊　奈良国立文化財研究所
中西靖人　一九八五「筌」『弥生文化の研究』5雄山閣出版
新村出編集　一九九一『広辞苑』第四版
日本学士院　一九八二『明治前　日本漁業技術史（新訂版）』日本学士院日本科学史刊行会編
農商務省　一九一二『日本水産捕採誌』
平野卓治　一九九六「『出雲国風土記』写本に関する覚書」『古代文化研究』No.4島根県古代文化センター
藤塚悦司　一九八九『消えた干潟とその漁業』―特別展　写真が語る東京湾―大田区立郷土博物館
前田　潮　一九八七『北方狩猟民の考古学』同成社
森田喜久男　二〇〇〇「朝酌郷の景観と生業」『出雲国風土記の研究Ⅱ（島根郡朝酌郷調査報告書）』島根県古代文化センター調査研究報告書7島根県古代文化センター
森田喜久男　二〇〇九『日本古代の王権と山野河海』吉川弘文館
諸橋徹次　一九九五『大漢和辞典』大修館書店

（「朝酌瀬戸逍遥」『出雲古代史研究』第二二号　出雲古代史研究会二〇一五を加除筆）

「三穂之埼」の向こう

一　国引き神話の世界

『出雲国風土記』の八束水臣津野命《やつかみずおみづぬのみこと》による、いわゆる国引き詞章は、島根半島部の地勢を見極めた雄大な神話として有名である。そのうちの「古志の都都乃三埼《つつのみさき》」から引き寄せた「三穂之埼《みほのさき》」は、島根半島の東部で、古代島根郡の方結郷と美保郷にほぼ相当する。現在の松江市美保関町である。

その美保郷は『出雲国風土記』に次のような地名起源説話を載せている。

美保郷　郡家正東《まひむがし》廿七里一百六十四歩。天下造《あめのしたつく》らしし大神の命《みこと》、古志国《こしのくに》に坐《いま》す神、意支都久辰為命《おきつくしゐのみこと》の子《みこ》、俾都久辰為命《へつくしゐのみこと》の子《みこ》、奴奈宜波比賣命《ぬながはひめのみこと》に娶《みあ》ひまして、産《う》みましし神、御穂須須美命《みほすすみのみこと》、是《こ》の神坐《いま》す。故《かれ》、美保《みほ》と云う。（美保郷は島根郡の郡家の真東に二七里一六〇歩のところにある。天下造らしし大神の命が古志国にいらっしゃる意支都久辰為命《おきつくしゐのみこと》の御子である、俾都久辰為命《へつくしゐのみこと》の御子の、奴奈宜波比賣命《ぬながはひめのみこと》を娶って産まれた神である、御穂須須美命《みほすすみのみこと》がこの郷に鎮座されているので美保という。)

天下造らしし大神は、『出雲国風土記』では天下造らしし大穴持命、天下造らしし大神とも記され、『古事記』の大穴牟遲神《おほなむじのかみ》、すなわち、大国主神と同一神とされる。「古志の都都乃三埼《つつのみさき》」とは、能登半島のこと。奴奈宜波比賣命《ぬながはひめのみこと》は『延喜式』に越後国頸城郡に奴奈川神社、意支都久辰為命《おきつくしゐのみこと》と俾都久辰為命《へつくしゐのみこと》は能登国鳳至《ふけし》郡に奥津比咩《おきうひめ》神社と邊《へ》津比咩《つひめ》神社があり、それぞれ関係していると考えられ、この神話が律令制下の越前・越中・越後・能登に分かれる以前の古志地方=古志国と「三穂之埼」との関係のもとに語られていることが知られる。

さらに美保郷は次のような関連する記事もある。

美保埼　周《めぐ》りの壁《きし》は、峙《そばだ》ちて崩《さか》しき定岳《やせ》なり。

美保濱　廣さ一百六十歩。西に神社《かみのやしろ》あり。北に百姓《おほみたから》の家あり。志毘魚《しび》を捕《と》る。

等等《とど》嶋　禺禺《とど》常に住めり。

上嶋　磯《いそ》。

このうちの美保埼は「三穂之埼」の先端部、美保濱の神社は『延喜式』の美保神社と考えられ、御穂須須美命《みほすすみのみこと》を祭神として、この神を奉斎する美保濱の百姓《おほみたから》＝漁撈民は志毘魚《マグロ》を捕ることに長けていた。等等嶋《とど》は現在、地の御前と呼ばれ、トドに代表される鰭脚類（アシカ・アザラシ・トド）がコロニーをつくっていた。上嶋は現在、沖の御前と呼ばれ上島＝神島と考えられるから*1、さらに古い時代には美保神社の祭神である御《み》穂須須美命《ほすすみのみこと》がこの島に祀られていたのであろう。「三穂之埼」の人々は、美保埼―等等《とど》嶋―神島の延長線上に古志国があると観念していた。『古事記』では、大国主神は八千《やち》矛神《ほこのかみ》という別名も持っており、古志国の沼河比賣《ぬなかはひめ》に求婚する歌が詠まれていて風土記の美保郷の神話と共通するところがある*2。

二　製塩遺跡の調査

ところで、一九八三年に美保関町内で永田公夫が製塩土器を採集する（内田一九八四）。これを契機として地元有志の森山郷土を考える会によって一九八五年に郷の坪遺跡（図Ⅱ—２）が発掘調査された。調査地点は旧海岸から五〇ｍほどで、標高二・五ｍ。掘立柱建物跡と多量の製塩土器と、五〜六世紀の須恵器・土師器などの遺物が発見された。この調査によってこの地方でも古墳時代から確実に土器製塩が行われていたことが証明された。郷の坪遺跡は美保関町宇井で、『出雲国風土記』には、「宇由比濱　廣さ八十歩。志毘《しび》魚を捕《と》る。」としてみえ、美保濱と同様に

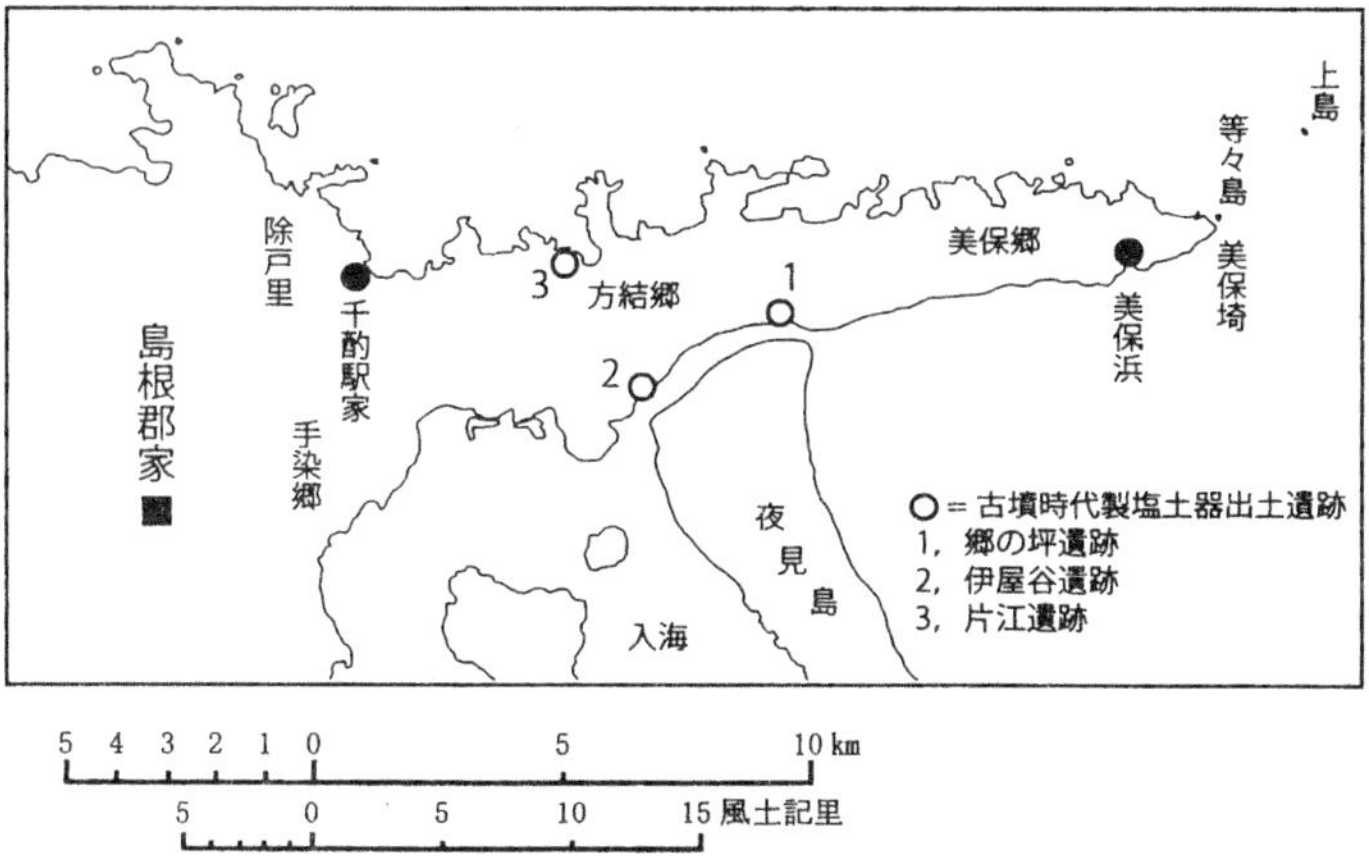

図Ⅱ—２　出雲国風土記関係図

古代海浜集落であった。

そして、同町森山では七世紀の須恵器を伴って、棒状尖脚のみを出土する伊屋谷遺跡（図Ⅱ—3）が一九八五年に確認調査された。これらの調査から、古墳時代の島根半島でも土器製塩が行われ、製塩土器の形態は、五世紀代にはしっかりとした径の大きな低脚が、次第に細長くなり、やがて7世紀代に至り棒状尖脚（図Ⅱ—3の1・2）となっていくことが明らかになった（内田一九九四）。その後、山陰地方の古墳時代の製塩土器をまとめた飛田恵美子は、七世紀代にこの棒状尖脚の製塩土器が北陸地方の能登式製塩土器の成立に影響を与えたと論じた（飛田二〇〇二）。

また、一九八四年には郷の坪遺跡に隣接する郷の坪1号墳では、七世紀の横穴式石室から能登地方からもたらされた土師器の甕（図Ⅱ—3の3）が出土した。その甕に

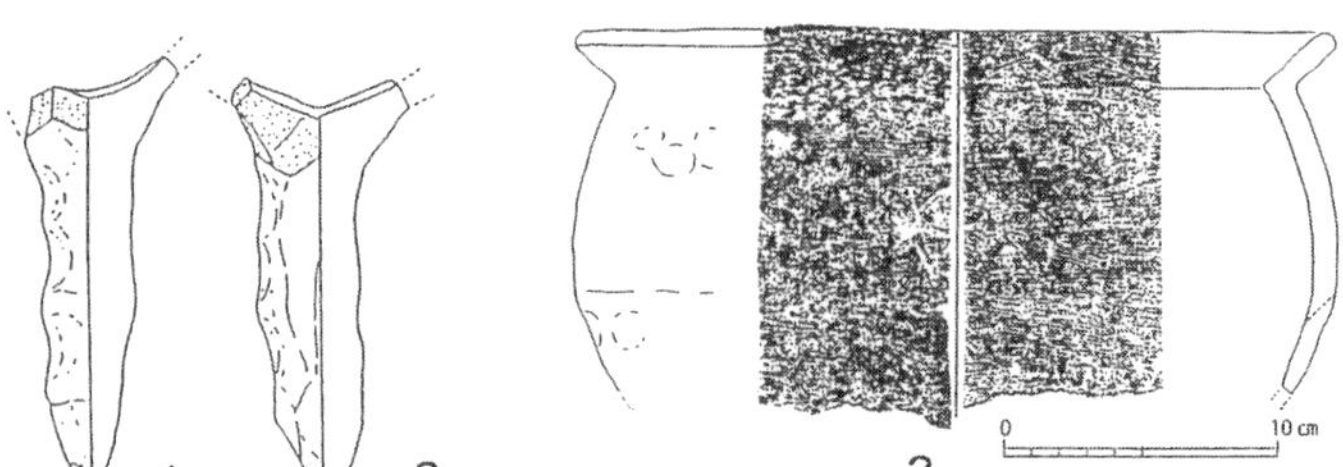

図Ⅱ—3　美保関町出土遺物
（1・2：伊屋谷遺跡製塩土器。3郷の坪1号噴土師器）

内外面に多くの煤の付着がみられることが注目される。このことは「古志国」の人が日常使用していた土器を携えてきたことを物語っている。

三　古志郷の伝承

また、『出雲国風土記』神門郡条には、

古志郷　即ち郡家に属《つ》けり。伊弉奈彌命《いざなみのみこと》の時、日淵川《ひふちかは》を以《も》ちて池を築造《つく》りき。その時、古志国人等、到來《き》たりて堤《つつみ》を為《つく》りき。即ち、宿《やど》り居《ゐ》し所なり。故《かれ》、古志といふ。（古志郷は神門郡家と同じ所である。伊弉奈彌命《いざなみのみこと》の時代に、日淵川《ひふちかは》を利用して池を造った。その時に古志国の人達がやって来て堤を築いた。それ以来、古志国の人達が居住するようになったので、古志というのである。）

狹結驛《さゆふのうまや》　郡家と同処。古志国の佐與布《さよふ》といふ人來居《きす》みき。故《かれ》、最邑《さいふ》といふ。神亀三年、字を狹結と改む。其の來居みし所以は、説くこと古志郷の如し。（狹結驛《さゆふのうまや》は神門郡家と同じところである。古志国の佐與布《さよふ》という人がやって来て住み着いたので最邑《さよふ》という。神亀三年【七二六】に字を狭結に改めた。佐與布《さよふ》という人が住み着いた所以は古志郷と同じである。)

として、「古志国」の人である佐與布《さよふ》とその一族の人達であろうか、古志郷にやって来て日淵川《ひふちかは》を堤を築いて堰き止め、池を造って住み着いた具体的な伝承を載せている。古志郷と狭結驛は同じところにあって、それぞれの伝承は関連している。現在の出雲市古志町を中心とする地域であった。これらの伝承はイザナミノミコトという記紀の国生み神話時代のこととしているので、相当古い時代から出雲地方と「古志国」との間に交流のあったことを主張している*3。

四　交流の担い手

出雲と古志との間には律令国家成立以前には密接な関係があった。国引き詞章の「三《み》穂之埼《ほのさき》」は、美保郷の地名起源説話や考古資料から、海とその情報を共有する両地域の漁撈民の日常的な交流を背景にするものであった。

一方、神門郡古志郷を中心とする地域では、古志の人たちの土木技術が導入され、出雲平野の開発が行われたことをうかがわせる。それは単なる交流というより、計画的で政治性を帯びたものとして捉えることが出来よう。

このように、『出雲国風土記』の記載には出雲と古志の交流の歴史を読み取ることができる。しかし、その全容が解明されているわけではない。『出雲国風土記』を様々な角度から読みこなし、大地に残された資料を発掘し、歴史の実態に迫っていくことが課題である。

注

＊1　上島は諸本は土島。ここでは後藤蔵四朗の説（後藤一九三九）を採用。なお、『播磨国風土記』揖保郡条の神島は現在の家島群島中の最東端にある上島である。後世に神島を上島と表記した例である。

＊2　しかし、『古事記』の国譲り神話に登場する事代主神は、現在の美保神社に事代主命として祭神の一柱となっているが、『出雲国風土記』には一切出てこない。事代主神は元来出雲の神ではなかったのであろう。

＊3　『出雲国風土記』には、大穴持命に関連して「越の八口」が意宇郡条母理郷と拝志郷にみえる。大原郡条神社列記には、矢口社（『延喜式』の八口神社）が筆頭に挙がっており、「越の八口」はこの矢口社と関係すると考えられるので『出雲国風土記』で表記される「越」は「古志国」とは別である。

引用・参考文献

秋本吉郎　一九五八『風土記』日本古典文学大系2岩波書店

内田律雄　一九八四「山陰における製塩土器の新例」『青山考古通信』第四号　青山考古学会

内田律雄　一九九四「鳥取県・島根県」『日本土器製塩の研究』青木書店

加藤義成　一九六二『出雲国風土記参究』原書房

後藤蔵四朗　一九三九『出雲国風土記註解』島根県教育会

飛田恵美子　二〇〇二「山陰地方における製塩土器について」『出雲古代史研究』第十二号　出雲古代史研究会

（『出雲国風土記』にみる古志との交流」『学術の動向』⑩公益財団法人日本学術協力財団二〇一五）

コラム１　独楽伝来

もう一月ほどすると正月がやってくる。最近ではその正月に独楽回しをする子供たちはすっかり見なくなってしまった。

独楽の歴史は古い。そして世界各地にそれぞれ独楽の文化がある。日本で最古のものは今のところ飛鳥藤原京出土の木製独楽である（図Ⅱ―４の２）。続いて奈良平城京、そして各地の官衙（役所）跡からも発見されている。これらの古代独楽は芯持材を削り出し逆円錐形状にした叩き独楽で、大陸・半島から伝来した。独楽の下方の先端はまた小さな逆円錐形になっている。つまり大小の円錐形がくっついた形だ。この叩き独楽は民衆の間でも今日まで伝承されてき

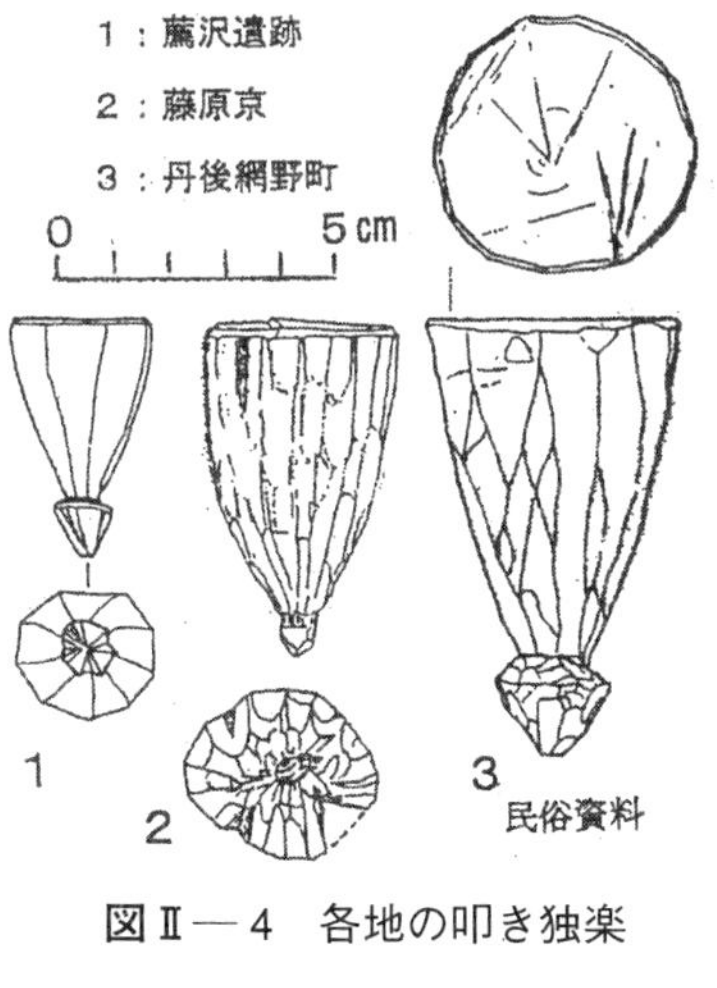

図Ⅱ―４　各地の叩き独楽

た（図Ⅱ―4の3）。

回す方法は幾つかある。手で直接回しても、足の爪先で弾いてもいい。最初はゆっくりでも何とか回す。それを布きれで鞭のように胴部を叩いて回転の速めていく。これには少し本気を出して技能を身に着ける必要があるが、競い合えば楽しい。

古代の独楽は官衙の祭祀の場である祓所のようなところから、木製の人形・大刀・琴柱や、土馬、小型手捏土器などと一緒に出土する。遊具に分類されることが多いが、これは律令祭祀の祭具の一つと考えられる。日本の独楽は役所の祭りにまず取り入れられた。しかし、いち早く貴族の遊びへも浸透し、民衆の間にも広まり、やがて福岡の博多独楽のように曲芸へまで発達するものまで現れる。

十四世紀に成立した京都西本願寺第三世覚如の伝説『慕帰絵《ぼきえ》』には三人の子供が独楽遊びをしているところが描かれている。その独楽には二種ある。一つは古代独楽から進化した轆轤《ろくろ》造りのもので、胴部上面を椀（皿）形に削りくぼめて重心を下方に置き、摩滅しやすい芯棒を長くしたものである。胴部内面には同心円が描かれている。今日の紐を掛けて回す一般的な独楽に近づいた形である。もう一つは子供たちの傍らに回っている古代独楽である。しかし、子供たちは誰も新しい形の独楽に魅了され、古代独楽には顔を向けていない。中世には模様の描かれた轆轤成形の投げ独楽が民衆の間に、それも子供たちの間に広まりつつあったことが知られる。

一方、このような古代独楽と系譜を別にする独楽もある。ドングリに爪楊枝を刺して、それを指でひねって回す簡便に造れる独楽である。海浜部では巻貝の胴部を水平に割って、粘土や鉛を詰めて回した。バイガイで造ることが多く、バイゴマと呼ばれ、やがて全体を金属で造ったべーゴマへと展開していった。近世大阪の城下町遺跡ではバイゴマの製作所が発見されて、その実態が明らかになりつつある。南島ではイモガイを打ち欠いて使われた。このような自然の産物を使った独楽の起源は相当古いと思われるが考古学的には実証しにくい。

さて、**図Ⅱ—4の1**を見てみよう。これは松江市大井町薦沢A遺跡で出土した独楽形須恵器である。七～八世紀の古代のものだ。木製の古代独楽を模倣している。断面が多角形なのは木製独楽の削りを表現しているためである。興味深いのは先端の芯棒に当たる小さな逆円錐形の部分が四弁状となっていることである。回っているときには見えない。土製独楽が全くないわけではないが、須恵質で造られていること自体実用品ではないことを示している。日本古代の律令祭祀に取り入れられた最も初期の独楽の形態である。このような独楽形須恵器が何故出雲から出土するのか、正月が来る前に謎解きをしてみようと思う。

参考文献

内田律雄・前岡恵美子　二〇一五「律令祭祀の一側面―松江市鷹沢A遺跡出土の独楽形須恵器―」『郵政考古紀要』第六三号　大阪・郵政考古学会

（「独楽の起源と律令祭祀」『山陰中央新報』二〇一五年十二月四日）

Ⅲ　秋鹿郡

秋鹿郡家と大野津社

一　秋鹿郡家と秋鹿社

『出雲国風土記』の秋鹿郡の郡名起源説話は、いとも簡単に地名起源を語る。

秋鹿《あいか》と號《なづ》くる所以《ゆゑ》は、郡家の正北《まきた》に秋鹿日女命《あいかひめのみこと》坐《いま》す。故《かれ》、秋鹿《あいか》といふ。

秋鹿郡の神社列記には秋鹿社が記載されており、その祭神は秋鹿日女命であろうから、秋鹿郡家の位置は秋鹿社の真南にあることになる。風土記は社の属する郷名や郡家からの方位里程を記していないが、郡末記の山の記述において郡家の正北にあるのは、

足日山　郡家の正北《まきた》七里。高さ一百七十丈、周り一十里二百歩。

とある足日山のみである。松江市西長江の経塚山（三二一m）に比定されている。足日山には社や秋鹿日女命の記載はないが、秋鹿日女命が鎮座し、秋鹿社は建築物としての社殿がまだなかったのであろう。秋鹿郡にとって郡名の由来となった重要な社と思えるが、何故か不在神祇官の最末尾に記されている。つまり神祇官認定の神社ではなかった。したがって、平安時代に編纂された『延喜式』には記載はない。

古代の神社は、村落内の宗教施設ではあったが、その村落内にも律令制を浸透させていった古代国家を支える一種の役所の役目を担っていた。従って、古代国家が崩壊していく過程で、多くの神社は神社名も場所もわからなくなってしまうことになる。秋鹿社もそうした社の一つであるが、江戸時代に編纂された『雲陽誌』は、秋鹿郡条秋鹿（村）の姫二所大明神を「【風土記】に載る秋鹿社此なり、」としている。しかし、『雲陽誌』は同じ秋鹿村に「八幡宮　秋鹿姫命応神天皇をまつる、（以下略）」、長江（村）に「姫二所明神　秋鹿姫命をまつる、（以下略）」として、秋鹿姫命を祭神とする神社を二社載せている。

秋鹿社がわかれば郡家の場所も特定できる。しかし、現在の推定地は、先学が指摘するように東長江に公廨《こうげ》田や郡崎《こほりざき》という小字名の残るところとしてよい（加藤一九五四）。

中林保も歴史地理学的研究から、さらに坪倉、蔵本、鍛冶屋敷、細工堀などの地名を拾い、公廨田付近に郡家、坪倉を倉坪の逆転と考えて倉庫を想定している（中林一九七八）。この公廨《こうげ》田や郡崎《こほりざき》とともに注目されるのは、鍛冶屋敷と細工堀である。細工堀の「細工」は郡家に付随した官衙工房を示すと思われ、鍛冶や漆の精製といった郡家を維持する作業がなされていたと考えられるからである。これらの小字名は郡家を支える施設に

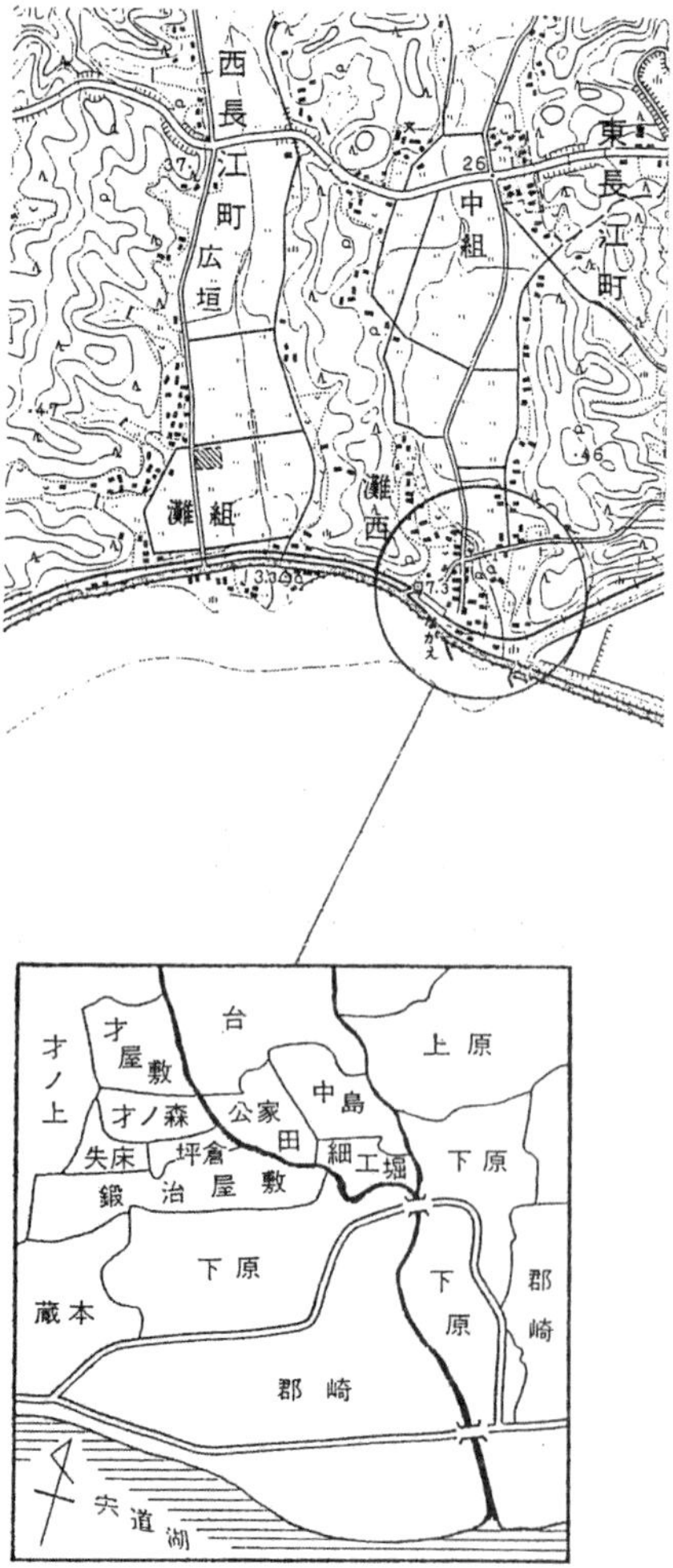

図Ⅲ―１　秋鹿郡家推定地と小字名
（中林1978から作図）

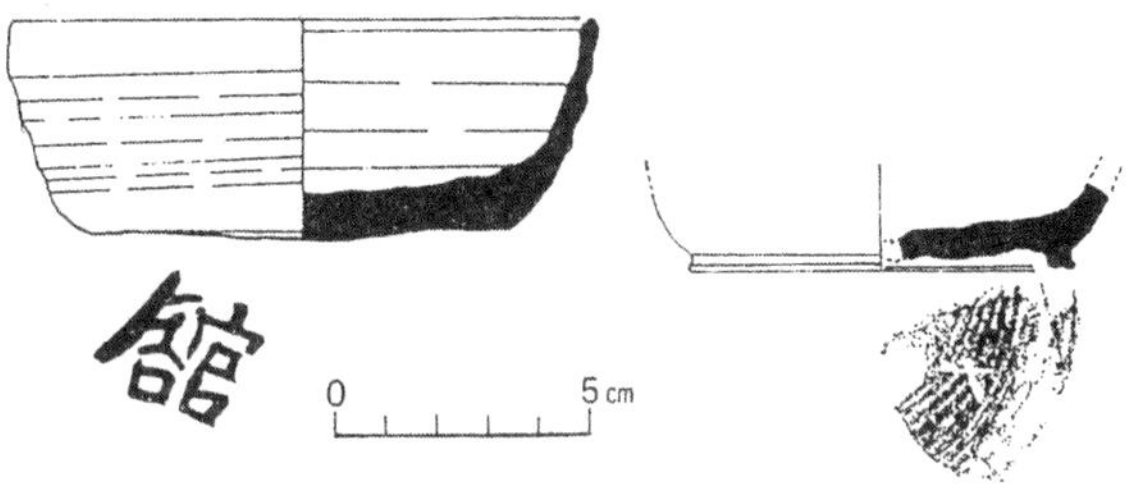

図Ⅲ―２　秋鹿郡内出土須恵器
（左：大野町丁の坪遺跡出土　右：東長江町坪倉採集）

密接に関係している（図Ⅲ―１）。近年の発掘調査で各地から報告される郡家は相当規模の大きなものであることがわかってきており、秋鹿郡家の政庁域をこのあたりの求めるのも無謀なことではない。とすれば、風土記時代の秋鹿社は『雲陽誌』秋鹿郡条長江（東西）に記された姫二所明神に継承されたとみられよう。

以上のことから秋鹿郡には、恵曇郷、多田郷、大野郷、伊農郷、神戸里があったが、このうち風土記記載の方位里程や現地に残る小字名などから、秋鹿郡家は多田郷にあったことがわかる。なお、小字名「鍛冶屋敷」においてて八世紀ごろの須恵器の坏を採集したので図示しておく（図Ⅲ―２右）。

二　秋鹿郡の狩猟伝承

秋鹿郡大野郷の地名起源説話は狩猟伝承である。

大野郷　郡家の正西《まにし》一十里廾歩。和加布都努志命《わかふつぬし》、御狩為《みかりし》ましし時、即《やが》て郷の西の山に待人を立て給《たま》ひて、猪《ゐ》犀を追ひて北の方に上り、阿内谷《くまぬち》に至りて、其の猪《ゐ》の跡亡失《う》せき。その時詔《の》りたまひしく、「自然《うつな》きかも。猪の跡亡失《う》せぬ。」と詔《の》りたまひき。故《かれ》、内野《うちの》といひき。然《しか》るに、今の人猶誤《なほあやま》りて大野《おほの》と號《なづ》くるのみ。

(大野郷は秋鹿郡家の真西へ五・二八㎞にある。和加布都努志命《わかふつぬし》が御狩《みかり》をなさったとき、この郷の西に狩人を立ておいて、イノシシを追って北方に上り阿内谷《くまぬち》に至ったところでイノシシの跡がわからなくなってしまった。その時に和加布都努志命《わかふつぬし》が「自然にイノシシの跡が消えてしまった。」とおっしゃった。それで内野という。しかし、今の人は誤って大野と云っている。)

全体としては和加布都努志命《わかふつぬし》の巻狩り伝承とでも云うべきものである。しかしこの伝承にはいくつかの疑問が沸いてくる*1。このような狩猟には普通はイヌに追わせるが、和加布都努志《わかふつぬし》命自ら追うように受け取れる。これはイヌが写本の過程で抜け落ちたか、または、元は大野郷に西接する伊農郷と連動した伝承であったからであろう。また、イノシシの跡が失せたから内野と云うとするのであるが、「内野」を「大野」に誤るであろうか。『日本古典文学大系』も「ウセヌの神言を地名の由来の詞とするよりは、『自然哉』から出た地名とすべきであろう。」として疑問を投げかけている（秋本一九五八）。

一方、伊農郷の伝承は、

伊農郷　郡家の正西一十四里二百歩。出雲郡の伊農郷に坐しし赤衾伊農意保須美比《あかふすまいぬおほすみひ》古佐和気能《こさわきの》命の后《きさき》、天瓺津日女《あめのみかつひめ》命、国巡《めぐ》行り坐しし時、此処《ここ》に至り坐して詔《の》りたまひしく、「伊農《いの》はや」と詔りたまひき。故、伊努《いの》と云ふ。神亀三年、字を伊農と改む。

（伊農郷は秋鹿郡家の真西、一十四里二百歩のところにある。出雲郡の伊農郷に鎮座されている、赤衾伊農意保須美比古佐和気能命の后である天瓺津日女命が、国巡りをなさって、ここに来られて、「伊農はや」とおっしゃった。それで伊努と云うのである。神亀三年に字を伊農と改めた。）

とある。『出雲国風土記』意宇郡条宍道郷では、所造天下大神命はイヌを使ってイノシシを追いかけている。加藤義成は、「伊農はや」について、『古事記』の倭健命が妻の弟橘媛を偲んで「吾妻はや」と云ったのを例に出し、「はや」は懐かしさを表す感動の助詞で「伊農よ！」という意とする。確かにそのような意味であろうが、伊農郷の「伊農はや」には、さらに、犬よ早く（行け、走れ、追え）という天甅津日女命の気持ちをも含んだ感嘆符と解されよう。命の国巡りと「伊農はや」の関係がよくわからないところもあるが、大野郷のイノシシは、命の気持ちとは裏腹に、その痕跡を「亡失《う》せ」たのであった。

このことから考えられるのは、「大野」という意味が風土記編纂時には既に正確に伝わっていなかったのではなく、大野郷〜伊農郷あたりに、もとより御狩の（巻狩り）伝承があったということである。都城出土の貢納木簡には、「大」は「御」と、ほぼ同じ意味で使用されているものがあるのをみると、大野は御野であったと理解できないであろうか。つまり、大野郷と伊農郷を含めた範囲がもとは御野であったと考えてみよう。それが律令国家の五十戸一里（郷）制によって、大野郷と伊農郷に編戸され、郷名の由来を記述するのに、「好字を着け」、一つの伝承を二つにわけて若干の潤色し、それぞれの郷の説話としたと考えられよう。平安時代（承平年間九三一～九三八）に成立した『和名類聚抄』によれば、郷数や郷名に変化がないので、その後は、原則として六年ごとの編戸においても郷が増減するほどの戸数の変動はなかったとみられる。

三　大野郷の位置

この大野郷は、「郡家の正西一十里廾歩。」であるから、秋鹿郡家推定地から西へ五・三八㎞のところにある。それは現在の松江市大野町の、大野川と草野川という二つの小河川の流れる谷水田にあたる。現在の大野町という地名は、大野郷の遺称である。

一九八〇年、松江市教育委員会によって、この小平野にある丁の坪遺跡が発掘調査された。小規模な調査であったため不明な点が多いが、報告書によれば弥生時代前期～中世の遺物包含層であるという。古代の遺物には、坏、高坏、壺、甕といった須恵器が出土している（岡崎一九八二）。その中に奈良末から平安初期と考えられる「館」と墨書した須恵器の坏がある（図Ⅲ―2左）。報告者の岡崎雄二郎は、この丁の坪遺跡について、次のように評価する（岡崎一九七八）。

「丁の坪遺跡は現在の湖岸線から約六百ｍ入り込んでいるが、今から千年余り昔の平安時代のことでもあるし、大野川、草野川ともに比較的小規模の河川であるから氾濫の度に大量の土砂を湖岸へ堆積させたことであろう。とすれば当時は、ちょうど丁の坪遺跡の前面ぐらいまで宍道湖が入り込んでいたのではないだろうか。現在の河口付近にある大野津神社は「風土記」にいう「大野津社《おほぬのつのやしろ》」に該当するといわれるが、当時から現在地にあったとするより、もう少し上流の当時の水際近くにあったのではないだろうか。それが、汀線の前進と共に現在地に進出したのではないだろうか。以上のような検討結果からあえて推定が許されるなら、丁の坪遺跡は、大野郷の津として発展したところではないかと推定される。」

つまり、後述する大野津社を津の遺称として、丁の坪遺跡を古代の津としている。しかし、宍道湖が入り込んでいたことも含めて、「今から千年余り昔の平安時代のことでもあるし」とするきわめて曖昧で感覚的な根拠しか示されてはいない。それより、興味深いのは、この丁の坪遺跡が秋鹿郡家からの大野郷までの方位里程である「郡家の正西一十里廾歩。」に符合することである。前述のように奈良時代から平安時代まで、戸数にあまり変化がなかったのであれば、風土記の記す秋鹿郡家から大野郷までの里程の位置に里長（郷長）に関係する「館」が継続してあったとしても不自然ではない（図Ⅲ—3）。

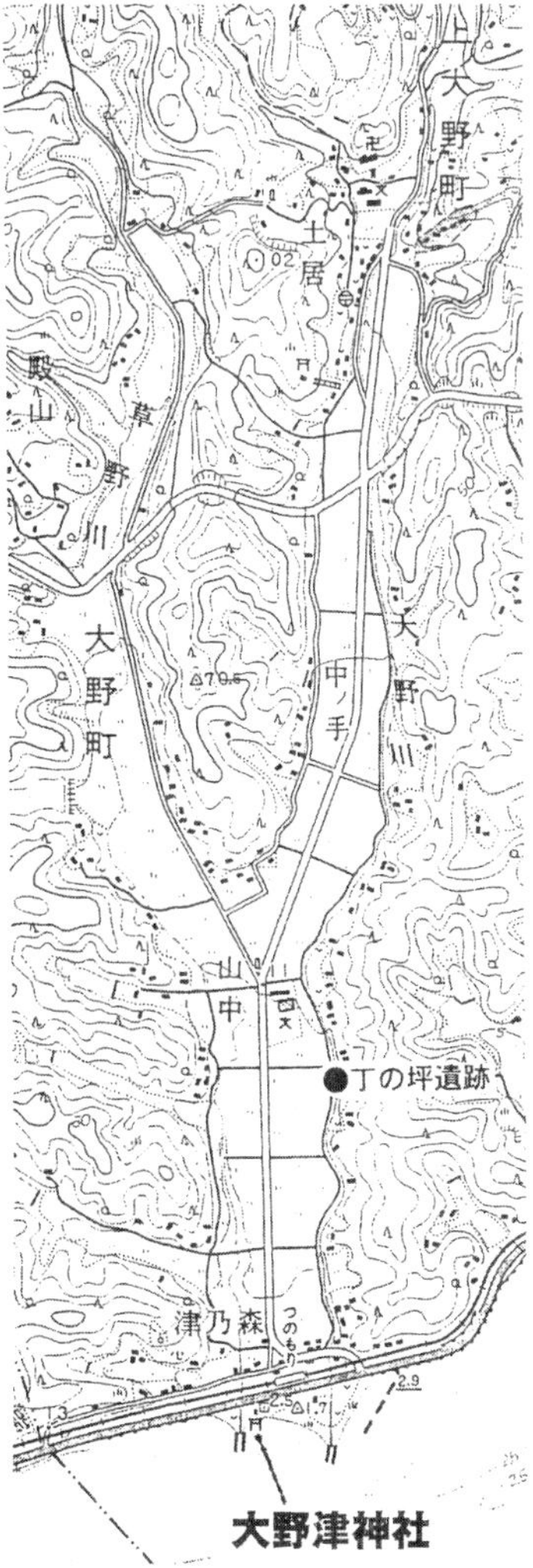

図Ⅲ—３　大野津神社と丁の坪遺跡

四　大野津社

ところで、『出雲国風土記』秋鹿郡条の神社列記には在神祇官として大野津社がある。『延喜式』の大野津神社である。『出雲国風土記』や『延喜式』は、社の郷への所属を記さないが、大野津社は大野郷と関係する神社であることは、その社名から容易に推測できるところである。

現在の大野津神社は、通称、津の森神社と云い、隣接して一畑電鉄の津の森駅がある。津の森神社に関して、近世の『雲陽誌』は次のように記す。

「角森大明神　素戔鳴尊なり、本社四尺四方、大野の濱津の森といふ所湖水の渚少洲先ありて松茂たる中に社あり、古老傳に云素戔鳴尊八岐の大蛇を斬たまひて後、角と骨と此所へ流とまる故に角寄といふ、今の人誤て津の森といふなり、【延喜式】【風土記】に大野津社とあるは是ならむか、（以下略）」

つまり、『雲陽誌』は角森大明神について、①角森大明神は、スサノヲノミコトを祭神としていて、大野村の宍道湖畔にできた津の森という小さな砂州の松林の中にある*2。②古老の伝えでは、スサノヲノミコトがヤマタノオロチを退治した後に、角と骨がこの砂州に流れ着いたので角寄と云うが、今の人は誤って津の森と云っている。③『延喜式』や『出雲国風土記』に大野津社とあるのがこれであろう。とする。これ以下はヤマタノオロチの骨を使った雨乞行事を解説している。内容は日照りの年に神社に伝わるヤマタノオロチの骨を宍道湖に出て湖水に漬けるというのであるが、これは出雲神話にちなんだ、洪水をおこす斐伊川の化身であるヤマタノオロチの霊を呼び起こすことによって雨を乞う意味ととらえられよう。

国土地理院の二万五千分の一の地形図をみると、草野川と大野川に挟まれた河口は一段と高くなっていたようで、一・八ｍの三角点と濱という小字名、そして神社マークがみられる。少なくとも『雲陽誌』の時代には現在の大野津神社とほぼ変わらない場所にあったことが知られる。さらに気になるのは『雲陽誌』が「少洲先あり」としていることである。河口には、もとより小さな島状の地形があり、これに向かって小規模な砂州ができていたと推定される。

ところで、現在の大野津神社脇の渚には古代の遺物が集中して採集される（図Ⅲ―４）。

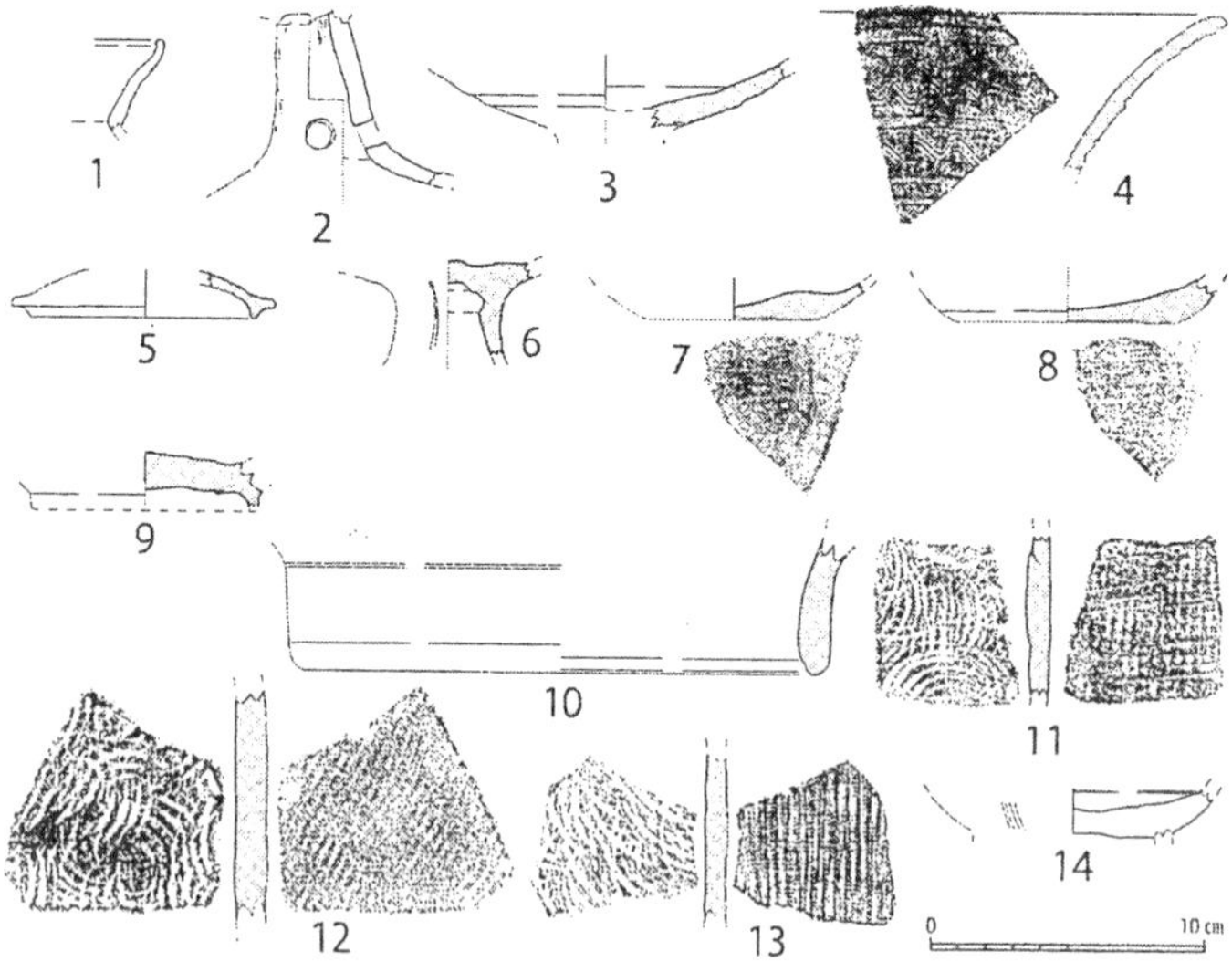

図Ⅲ―4　大野津神社脇採集遺物
（1・2 土師器、3 〜13 須恵器、14 白磁）

多くは宍道湖の波によって摩滅しているが、宍道湖北岸で、これだけ集中して採集できる場所はない。中には摩滅がみられない遺物もある。これらのことは採集される遺物の多くが上流部から流れてきたものではないことを示している。遺物の年代は、およそ古墳時代の中ごろから古代にかけてであり、一二世紀頃の白磁の破片もある。これらの遺物は古代の大野社（大野神社）の祭祀に関係し、その祭祀の開始時期を示すものとして注目されよう。つまり、大野社は丁の坪遺跡付近にあったのではなく、風土記の時代からこの河口付近から動いていない可能性が大きい。

大野津神社の付近に津の森という地名があり、通称津の森神社と称するのであるから、大野社は、元は津の杜であり、律令国家が神社として認定したことによって、「もり」から「やしろ」になったのであろう。社名が大野津社（大野津神社）となったのはこの時である。「つのもり」とは風土記以前にこのあたりの人々によって信仰されていた「杜」であった。

大野津社の「大野」は、大野郷の大野であるが、「津」は文字通りの津であろう。つまり、大野津社の社名は「大野」と「津」から成っており、大野郷にある津と解釈される。しかし、『出雲国風土記』には港湾施設としての大野津の記載はない。

『出雲国風土記』には大別して二種の津がある。一つは、地名・人名・神名に用いられた字のグループで、大野津社をはじめ、八束水臣津野命（国引詞章他）、御津濱　廣さ二百八歩。百姓の家あり。（島根郡）、御津社、御津島　紫菜生ふ。御津濱　廣さ卅八歩。（楯縫郡）などである。国譲り神話において、コトシロヌシは、『古事記』では「御《み》大《お》之《の》前《さき》」、『日本書紀』の本文では出雲国の「三穂の碕」、すなわち、美保埼（松江市美保関町）において鳥や魚を取っていたことになっている。しかし、『日本書紀』一書第一では「三津の碕」となっており異伝がある。この「三津」は、『出雲国風土記』の島根郡と楯縫郡にみえる御津濱のいずれかであろう。

もう一つのグループは、

島根郡　蜈蚣島　津を去こと二里一百歩なり。

島根郡　千酌浜　（略）此処は謂はゆる隠岐国に渡る津是なり。

という港湾としての津の役割がわかるものである。これらの津は律令国家が認めた公の施設としての津である。津は水上交通の拠点として船が停泊できる施設であって（江口二〇一四）、津守がいた。天平五年の出雲国で扱った文書を整理した『出雲国計会帳』には津守帳一巻がみえるのは（平川一九八四）、これらに関係したものである。千酌浜の津は千酌駅家に津の機能をもたせたいわゆる水駅でもあった。

島根郡と楯縫郡に記載のある御津濱は風土記時代の漁村であるが、「御」がつけられていることを重く見れば、これらは大化前代のヤマト王権と直接的な関係を持った津であったのだろう。律令期に至っても贄や調の貢納というかたちで中央との関係は続いていたと考えられるが、港湾としての津の役割は終えていたのであろう。なぜなら、『出雲国風土記』の時代までには「浦」として、島根半島には船が停泊できる公の四浦が整備されたからである。大化前代において、二ヶ所の御津が日本海航路の港であったのに対し、大野津は入海（宍道湖）という内水面航路の御津であったと推定される。

注

＊1 小林覚は、この「狩人」を「待人」と校訂する（小林二〇一六）。ここでは小林に従った。
＊2 現在も大野津神社のあるところに浜という地名がある。
＊3 13世紀の中国製白磁碗もあるので、何らかの形で中世にも津として機能していたか、そのころの神社祭祀にかかわるものであろう。

引用・参考文献

秋本吉郎　一九五八「風土記」『日本古典文学大系』2岩波書店
朝山　晧　一九三五「出雲國風土記に於ける郡家中心里程考」『歴史地理』第六六巻第四号
江口　桂　二〇一四『古代官衙』ニューサイエンス社
岡崎雄二郎　一九七八「古代」『続大野郷土誌』大野公民館

岡崎雄二郎　一九八一『丁の坪遺跡・片山遺跡』松江市教育委員会
加藤義成　一九五七『出雲国風土記参究』原書房
後藤蔵四朗　一九一八『出雲国風土記考證』
小林　覚　二〇一六「秋鹿郡大野郷の「狩人」」『古代出雲の実相と文学の周辺』今井出版
関　和彦　一九九六『古代出雲世界の思想と実像』大社文化事業団
鳥屋芳雄　一九九九「宍道湖をめぐる二つの水難供養塔―近世庶民信仰の動向と水運との関連で―」『季刊文化財』第九二号　島根県文化財愛護協会
中林　保　一九七八「出雲国」『古代日本の交通路Ⅲ』大明堂
平川　南　一九八四「出雲国計会帳・解部の復元」『国立歴史民俗博物館研究報告』第三集　国立歴史民俗博物館

（新稿）

Ⅳ　楯縫郡

楯で護られた出雲大社

一　楯縫郡の地名起源説話

『出雲国風土記』楯縫郡の地名起源説話は杵築大社（出雲大社）創建に関する重要な内容を秘めている。まず、該当部分を引用しよう。

①楯縫《たてぬひ》と號《なづ》くる所以《ゆゑ》は、神魂命《かみむすびのみこと》、詔《の》りたまひしく、「五十足《いそた》る天日栖宮《あめのひすみのみや》の縦横の御量《みはかり》は、千尋の栲縄《たくなは》を持ちて、百結《ももむす》び結び、八十結《やそむす》び結び下げて、此《こ》の天御《あめのみ》量《はかり》持ちて、天下所造大神宮《あめのしたつくらししおおがみのみや》を造り奉《まつ》れ」と詔《の》りたまひて、御子、天御鳥《あめのみとりの》命《みこと》を楯部《たてべ》と為《し》て天下《あまくだ》し給《たま》ひき。その時、退り下り來まして、大神の宮の御装束《みそよほひの》楯《たて》を造り始め給ひし所、是なり。仍りて、今に至るまで、楯桙を造りて、皇神等《すめがみ》に奉る。故、楯縫といふ。

（現代語訳）

楯縫と名付けたのは、神魂命が仰せられるのに、「荘厳な天日栖宮《あまのひすみのみや》の縦横の厳格な基準によって、千尋もの長い栲縄でもって、何回も何回も結びに結んで、高天原と同じ尺度で、天下所造大神の宮をご造営して奉れ」と仰せられ、御子神の天御鳥命を楯部に命ぜられて天下らせられた。そして高天原から天下られた天御鳥命は大神の宮を飾り立てる楯を作り始められたところがここである。それで今に至るまで楯と桙を造って皇神たちに献上しているのである。それによって楯縫というのである。

この楯縫郡の伝承は既に指摘されているように『日本書紀』一書（第二）の国譲りの段に酷似している。すなわち、高皇産霊尊《たかみむすひのみこと》が経津主神《ふつぬしのかみ》と武甕槌神《たけみかづちのかみ》を遣わして、大己貴神に対して次のように伝える。

②（略）「夫《そ》れ汝《いまし》が治《しら》す顕露《あらは》の事は、是吾孫治《これすめみましら》すべし。汝は以て神事《かみのこと》を治《しら》すべし。又《また》汝が住《す》むべき天日隅宮《あまのひすみのみや》は、今供造《つく》りまつらむこと、即《すなは》ち千尋《ちひろ》の栲縄《たくなわ》を以て、結《ゆ》ひて百八十紐《ももむすびあまりやそむすび》にせむ。其の宮を造る制《のり》は、柱は高く大《ふと》し。板は廣く厚くせ

む。又田供佃《みたつく》らむ。又汝が往來《かよ》ひて海に遊ぶ具《そなへ》の為には、高橋・浮橋及び天鳥船《あまのとりふね》、亦造りまつらむ。又天安河《あまのやすかは》に、亦打橋《うちはし》造らむ。亦百八十縫《ももぬひあまりやそぬひ》の白楯供造《つく》らむ。又汝が祭祀《まつり》を主《つかさど》らむは、天穂日命、是なり」とのたまふ。
是に、大己貴神報へて曰《まう》さく、「天神《あまつかみ》の勅 教《のたまふみこと》、如此慇懃《かくねむごろ》なり。敢《あ》へて命に従はざらむや。吾《あ》が治《しら》す顕露《あらは》の事は、皇孫《すめみまさ》當に治《をさ》めたまふべし。吾は退《さ》りて幽 事《かくれたること》を治めむ。」とまうす。

（現代語訳）

おまえがいま治めていることのうち、顕露（現世の地上の政治）のことは、わが子孫に治めさせよう。おまえは、これに対して幽界の神事をつかさどれ。またおまえが今後住まうべき天日隅宮《あまのひすみのみや》は、いま余が作ってやろう。その敷地の規模は千尋の長さの栲縄（栲の丈夫な縄）を八十結びにしっかりと結んで設定しよう。その宮殿建築の制式は、柱を太く、板を広く厚くしよう。また御料田を供しよう。またおまえが海に往き来して遊ぶための道具として高橋・浮橋と天鳥船《あまのとりふね》を造ってやろう。また天安河にも橋をかけてやろう。また百八十縫の（何べんも縫って丈夫にした）

白楯を作ってやろう。またおまえの祭祀をつかさどるのは天穂日命である」と仰せられた。

そこで大己貴神はお答えして、「天神の仰せはまことにねんごろでございますれば、どうしてその勅命にそむき申すことでございましょう。私のいま治めています現世の地上のことは、今後皇孫が治めなさいますように。私はしりぞいて幽界の神事をつかさどります」と申し上げられた（井上一九八七）。

ここに、大国主神が葦原中国において政教両方を掌っていたのを、「神事・幽事」に専念する神として杵築大社（出雲大社）に祀られる根拠が示されている。そして、①と②を比較すると、楯について注目すべき点がある。一つは大神の宮＝杵築大社が楯で飾られ、それは白色であること、二つ目は、その楯が風土記完成時にも造られ続けていることである。

杵築大社の建築構造が、出雲市青木遺跡で発見されたような村落内にある神社（松尾他二〇〇六）より大きなものであったことは、平成十二年（二〇〇〇）に出雲大社の境内から平安時代に描かれた本殿の設計図とも云える『金輪御造営指図』のとおりの柱根が発掘調査で発見されたことによって証明された。径一mほどの杉の大木を三本一まとめにして、一本の柱としたもので、三×三間の九本総柱構造のうちの三本（三ヶ所）が確認されたのである。柱は朱塗りで、その年代は共伴した遺物や柱の年代測定から、宝治二年（一二四八）に造営された出雲大社と考えられている（松尾他二〇〇四）。『金輪御造営指図』には「引橋長一町」として昇殿する為の階段も描かれており、発掘調査の成果を加味すると相当高い神社建築であったことが明らかになった。現在、出雲大社に残る鎌倉時代（十三〜十四世紀）の「出雲大社幷神郷図」（千家出雲国造家蔵）には朱塗りの柱を高くした出雲大社が描かれており具体的な姿を知ることができる。さらに、十世紀に成立した『口遊』には、「雲太。和二。京三。謂大屋誦。」とあり、一般的には、出雲大社、奈良の大仏殿、京都の大極殿と建物の大きさの順が誦われているとされる。これにより、少なくとも平安時代には、和二の東大寺大仏殿より高かった、もしくは高くなければならないと認識されていたようで、その建築構造が古代の十世紀まで遡ることが推定される。風土記編纂時には楯で飾られていたのであるから、省略されていなければ鎌倉時代の絵図にもそのように描かれているはずである。しかし、絵図の拡大写真には明確に楯とわかるものは描かれていない。但し、楯の色である白を重視すれば、「出雲大社幷神郷図」の本殿の高床を囲むように、また、引橋の両側にも意識的に白色に描かれている縦長の板状のものが注意される。現在、島根県立古代出雲歴史博物館には出雲大社の五つの復元模型が展示されており、そのうち、黒田龍二・浅川滋男・三浦正幸の三氏の模型には、それを巴紋と下方に尖った鋸歯紋のように復元されているが、拡大写真では必ずしもそのようには見えないけれども、奈良県の春日大社や法隆寺の須弥壇には同じ文様が施してあり、これを白楯・白桙の名残としてみることもできるのではなかろうか。今日、様々な儀式の場において使用される、白黒の鯨幕や紅白幕は、元は壁邪の意味をもつ楯・桙を並べたものに起源があるように思える。憶測すれば、鋸歯紋状が鉾、巴紋が盾なのであろう。鯨幕に至っては巴紋さえ省略されたのであろうか。

出雲大社（天下所造大神宮《あめのしたつくらししおおがみのみや》＝大穴持命の宮）が、楯で護られた、あるいは飾られた建物であったという『出雲国風土記』の記載を、古墳時代の家形埴輪にもとめようとしたのは西尾良一である。地方の郷土誌で目立つことはなかったが、平田郷土史研究会の『郷土史ひらた』創刊号に掲載された「楯縫の古代を考える」という論文は、出雲大社の創建に関して示唆に富んでいる（西一九九一）。西尾は大阪府の御園遺跡で発見された御園古墳に着目する。御園古墳は墳丘が削平された一辺約七ｍの小規模な方墳であったが、周溝から家形埴輪二点、壺形埴輪二五点が出土した（渡辺一九八五）。西尾は、そのうちの入母屋高床式家形埴輪の身舎の側面に、一面ずつ楯が描かれていることを重視し、これを報文が述べているような首長の家ではなく、「社の初源的なもの」と推定し、楯は壁邪の意味として捉え、この構造を神殿として復元した。そして、こうした神殿を神名としたのが、『古事記』に云う大国主神の妃の神屋楯姫であろうと指摘している。前掲の「出雲大社幷神郷図」において本殿に向かって右側の境内社である大国主命の太后が祭神とされる御向社の高床が、本殿と同じようにここで推定した白楯・白梓で囲まれて描かれているのも神話に基づくものであろうか。御園古墳の年代は壺形埴輪から四世紀末ごろと考えられている。

楯を描いた高床式家形埴輪が神殿建築であるとした西尾の推定は、和歌山県岩橋千塚古墳群の中の大日山三五号墳の発掘調査によって現実を帯びたものとなる。大日山三五号墳は、墳丘は長さ一〇五ｍの楯形の基壇の上に、墳長八六ｍの二段に築造された前方後円墳で、墳丘一段目の東西に造出があり、ここから多くの形象埴輪が出土した（仲原二〇一三）。注目されるのは、東造出から出土した一際大きな高床式入母屋造の家形埴輪である。二間×二間の円柱九本柱構造で、棟持柱と側柱にそれぞれ楯が描かれている。

上屋根には堅魚木が乗る。報文は破風は欠損して千木が取り付くか不明であるとするが、大型の千木の破片も出土しており、後述する大阪府の今城塚古墳出土家形埴輪の例からも、千木があったと見做される。御園古墳出土例は、千木はなく、棟は堅魚木に発達する以前の棟飾りで装飾されており、大日山三五号墳は堅魚木と千木がセットとなった本格的な神殿建築構造の埴輪としてよい。古墳の年代は、出土した埴輪や須恵器から六世紀前半と考えられている。

さらに、大阪府高槻市の一般に五三一年に没した継体天皇陵に比定されている今城塚古墳からも神殿埴輪が出土している。今城塚古墳は、くびれ部の南北に造出を設けた、墳丘の長さ一九〇m、楯形の二重周濠を含めると総延長は三五〇mに及ぶ大王陵に相応しい規模の前方後円墳である。墳丘は後世の地震や城になったため失われている部分もあるが、主体部は長持形石棺を内蔵した横穴式石室であったことが判明している（森田二〇〇四）。神殿埴輪は、北川内堤の張出部の調査で出土した多量の形象埴輪群の中に四個体あり、いずれも、入母屋造の円柱高床式建物で、堅魚木と千木がセットをなすもの（家1・家3）、棟飾りと千木がセットのもの（家2・家4）がある（今西・渡井二〇一四）。このうち、家1は高さ一七〇㎝の日本最大の家形埴輪であり、家4には上屋根を支える

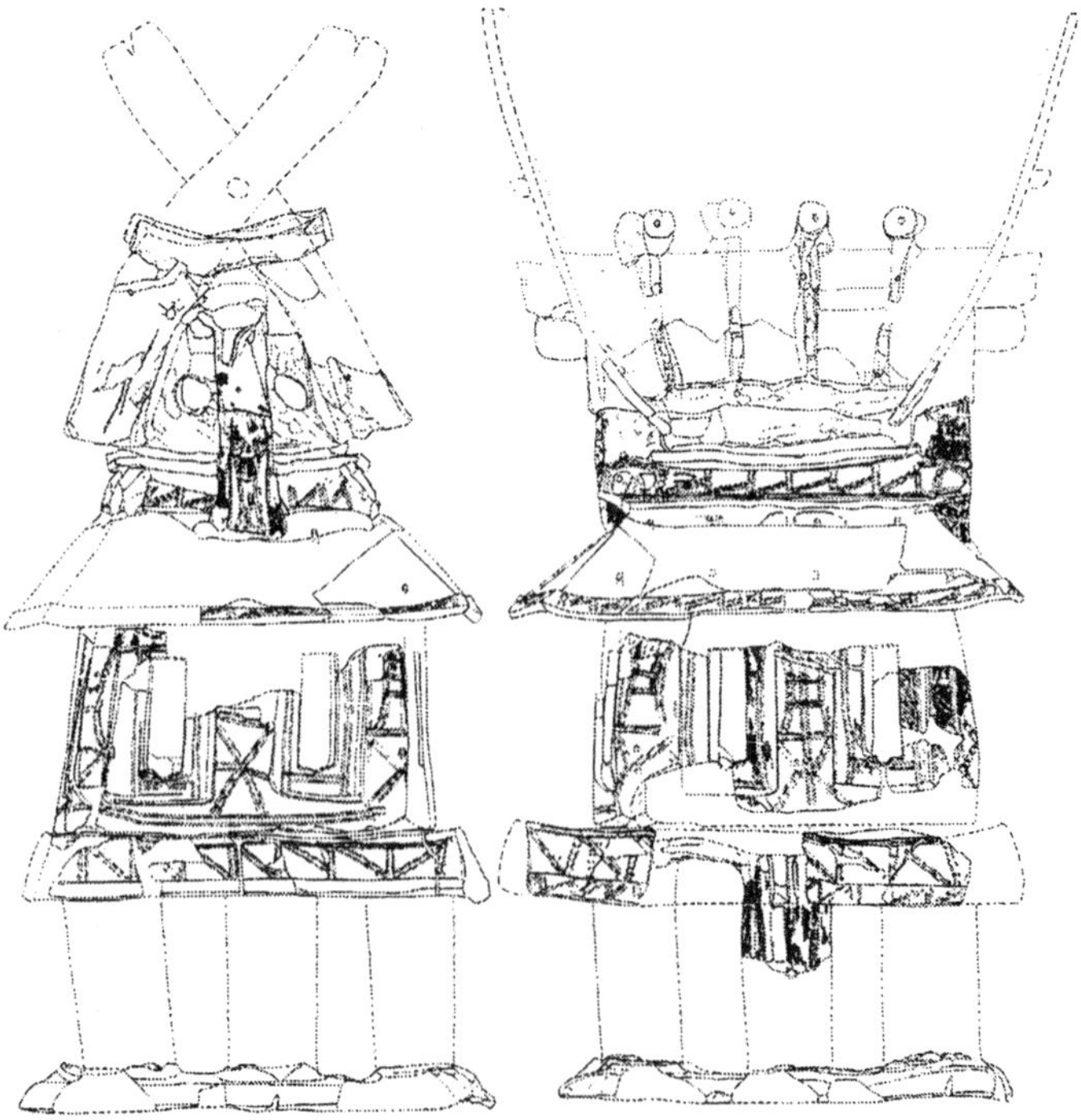

図Ⅳ—1　大日山35号墳出土神殿埴輪復元案（仲原2013に加筆）

棟持柱に楯の線刻がある。これらの神殿埴輪は和歌山の大日山三五号墳のそれと酷似するが、二間×三間の総柱構造となっており、大王としての権威を示す「宮を造る制」の差であろうか、側柱が一間多い。また、入母屋造で平地式建物の家7（二間×三間）の壁にも楯の表現がみられる。

いま、古代における楯で飾られた出雲大社の具体的な姿を、出土埴輪資料に重ね合わせるとすれば、和歌山県岩橋千塚古墳群の大日山三五号墳の神殿埴輪が最も相応しい（図Ⅳ―1）。出雲大社の創建は、『日本書紀』斉明天皇五（六五九）年の、「是歳《ことし》、出《いず》雲國造《ものくにのみやつこ》名を闕《もら》せり。に命《おほ》せて、神《かみ》の宮《みや》を修嚴《つくりよそ》はしむ。（以下略）」とする記事とされるが、今城塚古墳や大日山三五号墳の年代である六世紀前半までさかのぼる可能性を一度は探ってみる必要がありそうだ。大日山三五号墳のある和歌山市は古代には紀伊国に属し、紀伊国造が出雲国造のように就任儀礼を行っていたのも（菊池二〇一六）気になるところである。

引用・参考文献

秋本吉郎校注　一九五八『風土記』日本古典文学大系2

井上光貞監訳　一九八七『日本書紀』上　中央公論社
今西康広・渡井彩乃　二〇一四『大王の儀礼の場―今城塚古墳にみる家・門・塀の埴輪―』高槻市立今城塚古代歴史館
内田律雄　一九九八『出雲国造の祭祀とその世界』大社文化事業団
内田律雄　二〇〇四「『出雲国風土記』の社について（二）」『出雲古代史研究』第一五号　出雲古代史研究会
菊池照夫　二〇一六『古代王権の宗教的世界観と出雲』同成社
坂本太郎他　一九七六『日本書紀』上　日本古典文学大系　岩波書店
坂本太郎他　一九六五『日本書紀』下　日本古典文学大系　岩波書店
島根県立古代出雲歴史博物館　二〇一三『島根県立古代出雲史博物館展示ガイド』
関　和彦　二〇〇一『新・古代出雲史』藤原書店
松尾充晶他　二〇〇四『出雲大社境内遺跡』大社町教育委員会
松尾充晶他　二〇〇六『青木遺跡』国道431号道路改築事業に伴う埋蔵文化財発掘調査報告書Ⅲ島根県教育委員会
森田克行　二〇〇四「今城塚古墳の埴輪群像を読み解く」『発掘された埴輪群と今城塚古墳』高槻市立しろあと歴史館
仲原知之　二〇一三『大日山三五号墳発掘調査報告書』特別史跡岩橋千塚古墳群発掘調査・保存整備事業報告書二　和歌山県教育委員会

西　陵　一九九一「楯縫の古代を考える」『郷土史ひらた』平田郷土史研究会
渡辺昌史　一九八五『美園』近畿自動車道天理～吹田線建設に伴う埋蔵文化財発掘調査概要報告書　(財)大阪文化財センター

（新稿）

V　出雲郡

桃の種は語る

一　はじめに

出雲市東林木町で発見された青木遺跡は、これまで知られている官衙・寺院と比較して、掘立柱建物跡の規模が小さく、整然とした企画性を持って配置されていないのにもかかわらず、多量の木簡や墨書土器が出土した点において注目される。木簡の中で特に多いのは伊や美十人名の資料で、報文は律令国家の収取制度に直接関係しない何らかの行事によって書かれたもので、「(略) いわば共同体的色彩、祈念する祭祀的な要素の強い物資の集積に当たって作成され、荷札の集積の機能を果たしたものと評価」している(平石・松尾二〇〇六)。また、墨書土器については、「同一記載の墨書土器を含む供膳具を利用した共同飲食」に用いたとし、これらの木簡や墨書土器は農耕儀礼に伴うものであろうとしている。やや奥歯に物が挟まった表現の評価であるが、そこには令集解春時祭田条古記にみえる共同体祭祀がイメージされている。

詳細は報文に譲るが、文字資料の他に、木製神像、土馬、絵馬、手捏土器、形代、腰帯具などといったいわゆる祭祀遺物も多く出土しており、墨書土器の中には「美談社」、これを略したと考えられる「美社」、あるいは「新寺」、「寺酒」、「寺坏」と読めるものがあり、青木遺跡は古代の神社や寺院の遺構と考えてよいであろう。「美談社」は『延喜式』出雲郡五十八座のうち「美談神社」、「同社比賣遅神社」があり、『出雲国風土記』出雲郡条神社列記には在神祇官とする「彌太彌社」、「彌蛇彌社」と、不在神祇官とする「彌蛇彌社」一一社が記されており、これら全部、あるいはその内の一社を示していると考えられる。とりわけⅣ区の貼石基壇の中のＳＢ03やその西辺に重複して作られた小貼石基壇上のＳＢ02・04、Ⅰ区のＳＢ06・16は倉庫にしては小規模な二×二間の九本総柱構造となっており神社建築とみられる（松尾二〇〇三）。またⅠ区の礎石建物であるＳＢ04・05は村落内寺院と考えられる（図Ⅴ―1）。これらⅣ区・Ⅰ区の遺構群は、木簡や墨書土器の内容から、古代出雲郡の、少なくとも、美談郷、伊努郷、神戸郷の人々が関与した祭祀空間であった。

出土した多量の文字資料や祭祀遺物から推定される祭祀の内容は、おそらく想像以上に多様であり、報文も農耕儀礼を想定しているものの、その具体的な内容にまでは言及

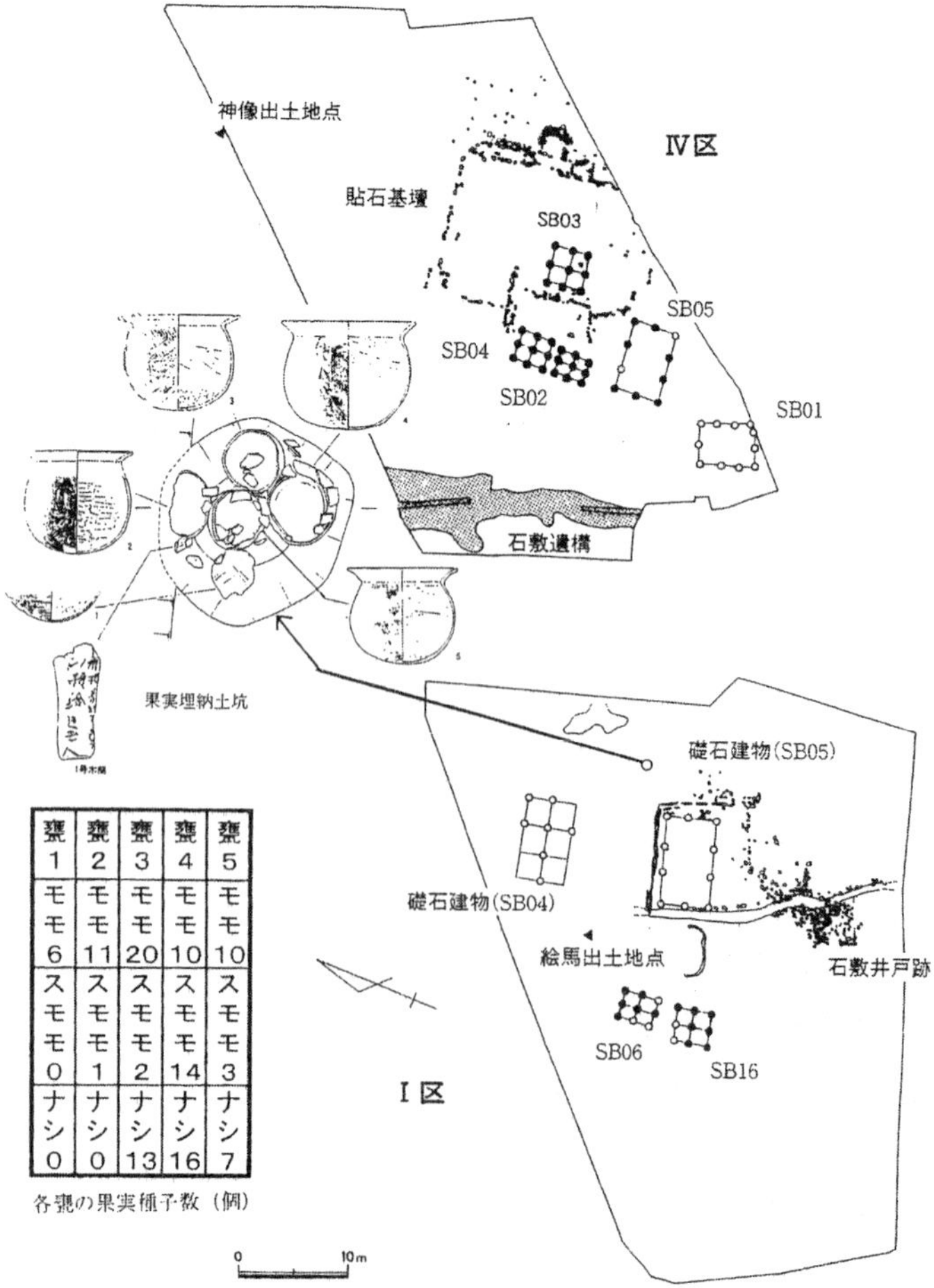

	甕1	甕2	甕3	甕4	甕5
モモ	6	11	20	10	10
スモモ	0	1	2	14	3
ナシ	0	0	13	16	7

各甕の果実種子数（個）

図Ⅴ—１　青木遺跡の遺構と果実埋納土坑
（松尾2003、平石・松尾2006より作図）

していない。ここでは、この祭祀空間で行われていたと推定される多様な祭祀行為のいくつかを、検出された「果実埋納土坑」に焦点をあてて検討し、そこから可能な限り復元し、問題の提起をする。

二　「果実埋納土坑」

取り上げる「果実埋納土坑」はⅠ区の礎石建物跡ＳＢ05の北東五ｍほどの位置に検出された。報文によりながら以下にいくつかのことを確認しておきたい。

遺構は調査前に上面を削平されており、元の土坑の正確な形状は不明であるが、遺構検出時の径は六〇㎝の円形で、中に五個体の土師器甕が口縁部を上にして埋納されていた。土坑を上から見ると、甕5を中心に、甕1―4を四方に配し、ちょうど賽の目の「五」のように置かれておいたことが出土状態から推定される（図Ⅴ―1）。しかし、甕1のように遺構が削平を受けていたために底部しか残存していないものもあり、本来は何個体あったのかは不明である。Ⅰ区の他の遺構の検出状況や、土坑内から一号木簡も出土していることをみれば、建物遺構群と時代を同じくすると考えてよかろう。それぞれの甕の中には、モモ、スモモ、ナシの果実種子が入っており、「いずれもネズミ等による食害はなく、完形であることから『果実』の状態で甕に入れられ」、「土坑内に設置後直ちに埋められた」と推定されている。また、甕2の底部外面には○が墨書され、甕3の底部は小孔がみられる。五個体とも煤付着の観察記録がないので煮沸には使用されず、果実を入れるために作られた甕と考えてよかろう。そしてこの「果実埋納土坑」の性格については次のようにまとめている。

「(略)このような果実埋納遺構は他に例がなく、全国初の出土であることから非常に価値が高いと考えられる。また、祭祀・信仰の具体的な内容、行為については、出土例や文献資料等の手がかりがなく評価は難しいが、SB05からみて鬼門の方向に位置していることから、この建物との関係が指摘できる。地鎮などの建物建設時の行為、あるいはSB05を中心に行われた一連の祭祀行為のなかで使用され設置されたものと考えられよう。」

初めての出土例に戸惑いながら祭祀行為と関係づけようとしているのが行間に見え隠

れしている。

三　古代の酒造

さて、果実を甕や壺などの容器に入れ土に埋める行為は確かに古代の文献にはみえない。しかし、この「果実埋納土坑」から想起できるのは果実酒である。酒の起源は果実酒に始まると考えられており、果実に含まれるブドウ糖が自然醗酵したものである。一方、稲作が始まった弥生時代以降にはコメを使った酒が造られていたことは想像に難くなく、記紀や風土記といった古代の文献にみえる。『播磨国風土記』宍禾郡条には、「庭《には》音《と》の村《むら》本《もと》の名は庭酒《にはき》なり。大神の御粮《みかれひ》、沾《ぬ》れて梅《かび》生《は》えき。即《すなは》ち、酒《さけ》を醸《かも》さしめて、庭《には》酒《き》に献《たてまつ》りて、宴《うたげ》しき。故《かれ》、庭酒《にはき》の村といひき。今の人は庭音《にはと》の村といふ。」とある（秋元一九五八）。意味は、「庭音の村は本は庭酒の村と云っていた。それは（伊和の大神）の乾飯が濡れて糀となったので、酒を醸して神に奉り宴をした。それで庭酒の村と云う。今の人は庭音の村と云っている。」となり、糀を使った今日の醸造酒に共通するものであったらしい。また、『塵袋』が引く『大隅国風土記』には水と米を準備し、村の男女

表Ⅴ—２　ヤマタノオロチ関係表

古事記	須佐之男命	出雲国 肥河上鳥髪	足名椎神 手名椎神	櫛名田比賣	高志之八 俣遠呂智	八塩 折之酒
日本書紀	素戔嗚尊	出雲国 簸之川上	稲田宮主神 （脚摩乳・ 手摩乳）	奇稲田姫	八岐大蛇	八醞酒
日本書紀 一書１	素戔嗚尊	出雲簸之川上	稲田宮主簀 狭之八筒耳	稲田媛		
日本書紀 一書２	素戔嗚尊	安藝国 可愛之川上 ↓ 出雲国簸川上	脚摩乳 手摩乳神 稲田宮主簀 狭之八筒耳	眞髪觸 奇稲田媛	八岐大蛇	菓酒
日本書紀 一書３	素戔嗚尊	（出雲簸川上山）		奇稲田媛	蛇	毒酒
日本書紀 一書４	素戔嗚尊	新羅国曾尸茂梨 ↓ 出雲国簸川上 鳥上峯			大蛇	
出雲国 風土記	大穴持命	意宇郡拝志郷 ↓ 意宇郡母理郷		久志伊奈太 美等與麻奴 良比賣命	越八口	

が集まって、米を噛んで酒槽にはき出して、酒の香りがするころまた集まって飲み、その酒のことを口噛の酒ということがみえている。米と唾液とを混ぜて醗酵させるという世界の米作地帯に広くみられる造酒法である。

こうした造酒法に関連して想起されるのは、記紀神話に於けるスサノヲノミコトのヤマタノヲロチ退治である。『古事記』では、速須佐之男命が櫛名田比賣を八岐大蛇から助けるために、父母である足名椎と手名椎の神に、「汝等は、八鹽折の酒を醸み、また垣を作り廻し、その垣に八門を作り、門毎に八栈敷を結ひ、その栈敷毎に酒船を置きて、船毎にその八鹽折の酒を盛りて待ちてよ。」と命じている（倉野一九六三）。『日本書紀』では櫛名田比賣は奇稲田姫、足名椎と手名椎は稲田宮主神とも表記され、八鹽折の酒は八醸酒となっているので、米を原料とした酒が前提となっていると考えてよい。しかし、『日本書紀』の一書の二では（坂本他一九九三）、酒は菓酒となっており果実酒であることが注意される（図V―2）。

このように少なくとも記紀の編纂されたころには、果実や米を原料としたいくつかの造酒法があったことが知られる。しかし、それらが土に埋められていたかどうかは不明である。

四　酒占と荒神信仰

ところで、この地方には藁でもって蛇を作り神木に巻き付ける荒神信仰がある。この藁蛇は北海道を除く全国にみられ、神社の境内や家毎、あるいは一村に一ヶ所まつられることが多い。祟り神であり、荒ぶる神であることからかスサノヲノミコトを祭神にしている。

とりわけ興味深いのは、荒神と酒占とが結びついていることである。たとえば、青木遺跡に近い出雲市大社町遙堪の鎌代地区の荒神は、集落北側の平地と山地との境のケヤキの巨木に藁蛇を巻きつけている。祭日は十一月二十三日であるが最近は地区民で都合のよい日曜日に、阿須伎神社の宮司に依頼して祭儀を執り行っている。祭日の朝に御神酒と赤飯を準備して荒神前に集合する。ケヤキの根元に埋めてある小さな甕に、糀と御神酒を注ぎ足し、藁蛇の口に御神酒と赤飯を入れ、宮司によるお祓い後に、その場で残りの御神酒と赤飯をいただくという簡素な直会を行う。かつては酒の残り具合や、出来具合で豊凶を占ったものらしい。遙堪では現在は米を使用しているが、以前は果実を用いていたと伝えられている*1。大社町周辺域にはこのような習俗がいくつか残っている。

こうした習俗は神社でも行われており、酒甕を埋める意味を窺うことができる。広島県三次市十日市町の鷺神社では、元旦に境内の一角に酒を仕込んだ壺を埋め、明くる年の元旦に開けて、酒の出来具合でその年の吉凶を占う神事が行われている。同様な神事は同東城町の世量神社にもあり、十一月十日に行われるという。前述の『日本書紀』一書二では、スサノヲノミコトは「出雲国簸川上」にくる前に江川の上流部にあたるこの三次地方の「安藝国可愛之川上《えのかわかみ》」に天下っていることも興味深い。また、出雲地方の神社境内には、かつて酒占に使用されていたと思われる甕が埋まっているのを見かけることがある。

記紀のヤマタノヲロチは年ごとに足名椎・手名椎の娘を人身御供に要求していたのであるが、スサノヲノミコトがこれを退治するにあたって酒は重要な役割を果たしている。つまり、旨く強い酒であればあるほどヤマタノヲロチの動きを封じ込めるのに効果的であるからだ。ヤマタノヲロチが先学の多くが指摘するように出雲の斐伊川の化身とするならば、その年の酒の出来具合が斐伊川の治水＝水の神を左右することになる。この記紀神話の背景にはそのような一種の龍神信仰の習俗が反映していると考えられよう（内田二〇一〇）。本格的な稲作が始まった弥生時代には、その後期になって土器に龍が描かれるようになるのも稲作と水神との深い関係を示唆している（永野二〇〇九）。

このようなその年の吉凶を占うことと関係して、農事暦以上に重要となるのは五穀の作付けをいつにするかということである。それには粥占があり*2、これもかつては全国にみられた。個人の家で行う場合もあるが多くは神社がその役目を担う。あらかじめ、早稲、中稲、晩稲を決めておいた三本の竹筒を粥と一緒に煮て、竹筒の中の粥の多寡によって、稲の作付けの時期を占うものである。地域によっては、粥とともに小豆などをいれ、畑作物も一緒に占う。竹筒を使うことから管粥神事や筒粥神事などと呼ばれている。『古事記』の足名椎の名義は「晩稲の稲の精霊」、手名椎は「早稲の精霊」という西宮一民に従えば（西宮一九七九）、記紀のヤマタノヲロチ退治の神話の中に粥占というもう一つの農耕祭祀を読み取ることができよう。『古語拾遺』にも、農耕祭祀に関する御歳神の祟りに対し大地主神が、「片巫〔志止々鳥。〕・肱巫〔今の俗の竈輪及米占なり。〕」に「其の由を占ひ求め」たということが記されており、ここにみえる「米占」は粥占と考えられている（西宮一九八五）。『河内名所図絵』、『正卜考』や他の近世文書に残る管粥神事を検討した上江洲敏夫は次の①～⑤のようにその特徴をまとめている。①時期的には例年正月十五日。②白粥だけではなく小豆粥等の五穀粥も多かった。③五穀及び他の種物名を書いた札を蘆または竹の管の中に入れて、これを神供の粥の中へ投ずる。④神前で筒を割り、筒の中に入った粥の多寡や煮えの加減あるいは筒の中に入れた木枝や藁しびなどに着いた粥の着き具合で、神事触としてその年の豊凶を判断する。⑤神主が種物の豊凶を農民に告げ、その神卜を参考にして農事に従事する。そして、「その系譜的脈絡は『古語拾遺』に見える米占、さらには太占に求められよう。」としている（上江洲一九七六）。古代の文献から知られる五穀の種類や、遺跡出土の木簡資料からうかがえる数種類の稲の品種が、中・近世に継承・発展したものであるとすると（平川二〇〇三）、上江洲の考察は的を射たものであろう。

記紀神話や風土記、『古語拾遺』から古代に幾種類かの農耕祭祀があったことが知られるが、ヤマタノヲロチ退治の神話は、酒占と粥占が互いに深い関係にあったことを示唆している。

五　農耕祭祀の復元

以上のようにみれば、青木遺跡の「果実埋納土坑」が酒占の遺構である可能性は高いであろう。とすれば甕3の底部が穿孔されていることと矛盾することになるが、甕2の底部外面に○が墨書されているように、日常と区別した祭祀用の甕を使用したことになるのであって、孔を塞ぐことは難しいことではないので酒造には問題はない。甕2に接して出土した一号木簡を、報文の釈文は

□稲祀□□□宅マ

〔　　　　　〕
〔以ヵ〕〔玉ヵ〕
□祓給造□人

と読んでいて、「稲祀」や「祓給」などの文字があり、また、樹種はヤマグワで、枝を落とした幹を半裁し、皮をはいだまま曲面に墨書しており、一般的な木簡の用法ではないことなどから祭祀に関わる記述・木簡形式と考えている。報文が指摘するように、この木簡が「果実埋納土坑」に規制された特殊な形態であることは間違いなかろう。続けて報文は、神祇令供祭祀条を引き合いに出し、甕に入れられた果実を神饌に相当するもの、あるいは果実を疫病神に対する饗応やその主体者を明示するために作られた付札木簡としているが、果実を入れた甕とともに土坑に埋めることの理解にはなっていない。

だからといって、酒占という農耕祭祀の一つという以上に具体的な対案を現在のところ持ち合わせているわけではない。ただ、ヤナギが傍らに生えていたというⅠ区の敷石井戸の水との関係は「果実埋納土坑」の祭祀を復元するときに考慮から外せないものであろう。

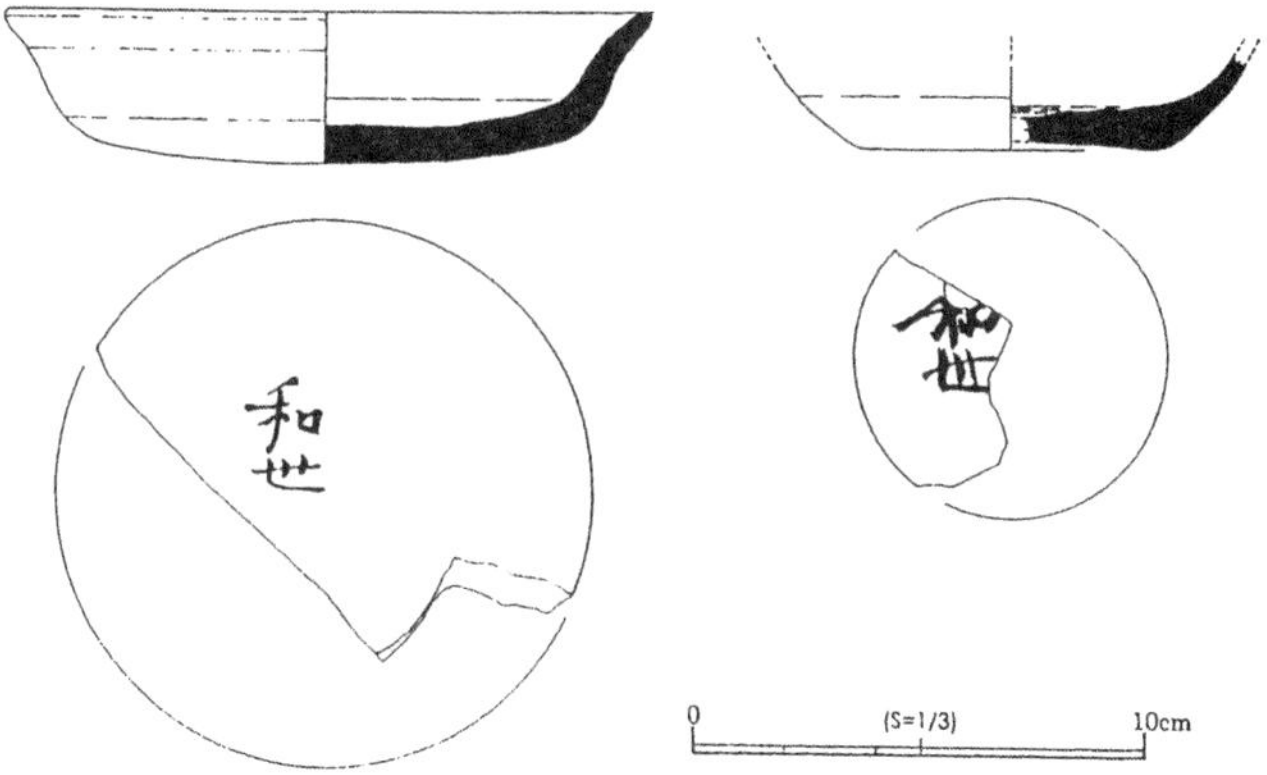

図V—3　青木遺跡出土墨書須恵器（平石・松尾2006より）

また、青木遺跡出土の多量の文字資料の中には、「和世」と読める墨書須恵器が二点と(図V—3)、その可能性のあるもの二点がある。これを「和世」=早稲と解釈できるならば、粥占と不可分離の関係にあったと考えられる粥占も神社境内で行われていたのであろう。中稲、晩稲に相当する墨書土器がみあたらないのが少し気になるところであるが、古代において早稲を「和世」と表記する例は、出土木棺としては福島県矢玉遺跡に「く白和世種一石」(二例)(石田二〇〇〇)、奈良県香芝市下田東遺跡で「和世種三月六日」があり(奥田二〇〇九)、「白和世」は早稲の中の品種と考えられている(平川二〇〇三)。おそらく図V—3に載せた墨書須恵器は、古代美談神社境内において粥占に使用されたものであろう*3。

六　おわりに

以上、青木遺跡の「果実埋納土坑」を中心に、文献や民俗例をあげながら、古代村落内の神社で行われていた祭祀の復元を試みた。その結果、具体像にはやや欠けるが、古代の神社においても現代と同様に多様な共同体祭祀が行われており、その中に粥占や酒占の農耕祭祀があったことを想定した。

古代村落内神社祭祀の実態が垣間見られる、天平一〇年（七三八）ごろ成立したと考えられている『令集解』儀制令春時祭田条の注釈書古記が引く一云にみえる国家の法を、「租税法を初穂献上と同じこととして教え込む」と解釈できるならば（義江一九九六）、農事暦に伴う諸々の習俗を、律令国家は神祇官社内で行わせることによって、占いの結果を操作することもあったのかもしれない。

しかし、そのようなことがあったとしても、古代に比べればはるかに正確な長期・短期の気象情報が得られ、小規模農家も機械化され、潅漑の行き届いた水田耕作のできる今日でも、占いの結果に頼っている農業者の姿をみるときに、そこには稲作の伝わった弥生時代以来の切実な問題が存在し、律令国家の思惑とは別の原理が共同体を規制していたように思えてならない。

注

＊1　千家和比古氏のご教示による。
＊2　東京都御嶽神社では亀卜でその年の五穀を占う。
＊3　青木遺跡出土墨書須恵器の中には「井手」と書かれたものが数点あり、晩稲の意味で使用された可能性がある。

引用・参考文献

秋本吉郎　一九五八「風土記」『日本古典文学大系』岩波書店
石田明夫　二〇〇〇「福島・矢玉遺跡」『木簡研究』第二二号　木簡学会
上江洲敏夫　一九七六「筒粥の神事」『立正史学』第四〇号　立正大学史学会
内田律雄　二〇一〇「ヤマタノオロチ」『歴史読本』第五十五巻四号　新人物往来社
奥田　昇　二〇〇九『木棺と木簡―下田東遺跡を考える―』香芝市二上山博物館

倉野憲司　一九六三『古事記』岩波文庫
坂本太郎・家永三郎・井上光貞・大野　晋校注　一九九三『日本書紀』上　岩波書店
永野　仁　二〇〇九「龍の土器の出土範囲」『倭人がみた龍』大阪府立弥生文化博物館
西宮一民　一九七九『古事記』新潮日本古典集成　新潮社
西宮一民　一九八五（校注）斎部広成撰『古語拾遺』岩波文庫
松尾充晶　二〇〇三「文字資料が出土した出雲平野の遺跡」『出土文字資料が語る古代の出雲平野
　―近年の発掘調査で明らかになった新事実　ＲＡＲＴ１―』（平成十五年度島根県埋蔵
　文化財調査センター講演会）島根県埋蔵文化財調査センター
平石　充・松尾充晶　二〇〇六「青木遺跡Ⅱ」『国道四三一号道路改築事業（東林木バイパス）に
　伴う埋蔵文化財発掘調査報告書Ⅲ』島根県教育委員会
平川　南　二〇〇三「種子札と古代の稲作」『古代地方木簡の研究』吉川弘文館
義江彰夫　一九九六『神仏習合』岩波新書

（「青木遺跡の「果実埋納土坑」について」『出雲古代史研究』第二〇号　出雲古代史研究会二〇一〇）

Ⅵ　神門郡

神門臣の神門郡

一　問題の所在

『出雲国風土記』神門郡条における郡名の起源説話は以下のように校訂されてきた。まず、秋本吉郎校注『風土記』によって該当条をみることとする*1。

神門《かむど》と號《なづ》くる所以《ゆえ》は、神門臣伊加曾然《いかそね》の時、神門貢《たてまつ》りき。故《かれ》、神門《かむど》といふ。即ち、神門臣等、古より今に至るまで常に此處《ここ》に居《す》めり。故、神門といふ。

（所㆔以號㆓神門㆒者　神門臣伊加曾然之時　神門貢之　故云㆓神門㆒　即神門臣等自㆑古至㆑今　常居㆓此處㆒　故云㆓神門㆒）

先学のほとんどはこのように校訂され異論のないところである*2・3・4。そして、この部分の現代文は次のように理解されている。加藤義成『出雲国風土記参究』を代表して引用してみよう[*2]。

「この郡を神門というわけは、神門臣伊加曾然の時に、（杵築大社の）神門を造営寄進した。それで神門の姓を名乗ることになった。この神門臣らが昔から今までずっと此處に住んでいる。それでこの地を神門というのである。」

つまり、前段は神門臣という氏族名の由来を、後段にいたって郡の起源説話を述べているのであるが、氏族名や郡名の起源となった「神門」を、大穴持命を祀る杵築大社の門、つまり鳥居とする。こうした解釈は『出雲国風土記解』で初めて示され、「神門」を、飯石郡条三屋郷の所造天下大神の「御門」や、仁多郡条御坂山の神の「御門」と同一視する[*5]。筆者もそのように考えたことがあった[*6]。飯石郡条三屋郷では、「所造天下大神の御門、即ち此の處にあり。」とあるので、「御門」は杵築大社に対する門としてよかろう。しかし、「神門」＝「御門」であろうか。

二　諸本の検討

そこで、前項のような問題意識で古写本を比較検討することとする。すると先学の校

細川家本

所以号神門者神門臣伊加曽然之時神門貢
之故云神門即神門臣等自古至常居此処故云
神門

倉野本

所以号神門者神門臣伊加曽然之時神門貢
之故云神門即神門臣等自古至今常居此処故云
神門

日御碕本

所以号神門者神門臣伊加曽然之時神門貢之
故云神門即神門臣等自古至今常居此処故云
神門

萬葉緯本

所以號神門者神門之臣伊加曾然之時神門
貢之故云神門即神門臣等自古至今常居此
處故云神門

VI—1　諸本の比較

訂で次の部分が新たな問題として浮かび上がってくる。

問題の部分は図Ⅵ―1の諸本を比較した中に▼で示した神門の次の「貢」である。古写本として信頼度の高い、細川家本・倉野本・日御碕本は「負」となっており、万葉緯本のみが「貢」としている。倉野本においては「負」の横に後に「貢」を注記し、万葉緯本にはその逆に「貢」の横に「負」を注記している。これらのことから元は原文では「負」となっていたことが知られる。確かに「負」と「貢」は互いによく似た字であるが、万葉緯本や、これまでの諸先学の校訂が「貢」としているのは、神門＝御門＝鳥居と解釈している以上、「神の門を負ふ。」では意味が通じないと考えたからであろう。

そこで、「神門」の史料を年代順に追ってみると、八世紀の第1四半期に遡るものはないことがわかる。『日本書紀』推古天皇二十五年（六一七）条[7]には、

二十五年の夏六月に、出雲国言さく。「神戸郡に瓜有り。大きさ缶の如し」とまうす。

とあり、神門郡ではなく神戸郡となっている。また、平城京の長屋王家木簡の中に次の

ような資料がある。

出雲国税使神戸臣□

長屋王家木簡から長屋王家の家政機関を検討された森公章氏は税使について、「長屋王家が派遣・任命した税使（司）であり、封戸物の交易・進上や現地での出挙経営などにも従事した」とし、出雲にも長屋王家の封戸を想定されている*8。この木簡の出土したSD四七五〇は、およそ和銅四年（七一一）から養老元年（七一七）の間存続した溝と考えられている。これ以降、神社に付属する神戸以外で「神戸」は後述する神門臣諸上の場合を除き、地名にも氏族名にも用いられず全て「神門」の表記となる。このことから、『日本書紀』が成立する少なくとも養老四年（七二〇）までは、神社の封戸の神戸も、地名も氏族名も、全て「神戸」と表記されていたのではないかと推定される。正史には見えないが、『出雲国風土記』が成立する天平五年（七三三）までには「カンド」、あるいは「カンベ」の表記が律令国家によって統制されたことが考えられる。

図Ⅵ—2は平城京左京の人で神門臣諸上に関する記録を『正倉院文書』から年代順に

	746	天平18年　3月　4日	神門	後一切経校帳	正倉院文書
		3月21日	神門諸上	経師充筆墨帳	正倉院文書
		6月26日	神門諸上	後一切経経師等手実帳	正倉院文書
		10月12日	神門諸上	写経所解案	正倉院文書
			神門諸上	写経所解	正倉院文書
			神門諸上	金光明寺写経所解	正倉院文書
	747	天平19年　2月23日	神門臣諸上	南藤原夫人解	正倉院文書
		7月1日	神門諸上	写後経所解	正倉院文書
		10月17日	神門諸上	写一切経経師手実帳	正倉院文書
	748	天平20年	神門諸上	経師充紙	正倉院文書
		天平20年10月　7日	少初位上神門臣諸上	経師等上日帳	正倉院文書
	749	天平感宝元年5月7日	神門諸上	千部法華経充本帳	正倉院文書
		5月10日	神門諸上	千部法華経充本帳	正倉院文書
		6月7日	神門諸上	写経検定帳	正倉院文書
	752	天平勝宝2年9月5日	神門諸上	造東寺司解案	正倉院文書
		天平勝宝4年8月	神門臣諸上	経師校生装黄上日案帳	正倉院文書
	755	天平勝宝7歳9月28日	神門諸上	班田司歴名	正倉院文書
	758	天平宝字2年7月5日	神門諸上	千手千眼并新羂索薬師経料銭衣紙等下充帳	正倉院文書
		7月7日	神門諸上	千手千眼并新羂索薬師経書上帳	正倉院文書
		7月9日	神門諸上	千手千眼并新羂索薬師経紙帳	正倉院文書
★		8月5日	神戸諸上	造東寺司　経師召文	正倉院文書
		9月5日	神門諸上	東寺司解案	正倉院文書
	760	天平宝字4年2月21日	散位従八位上神門臣諸上左京人	校生装黄手実帳	正倉院文書

図Ⅵ―２　神門臣諸上に関する記録

拾ったものである[*9]。天平一八年（七四六）から天平宝字四年（七六〇）までの間に二十三回みえる。このうち、天平宝字二年（七五八）八月五日のみ神戸諸上となっている（★印）。これは明らかに書き間違いであろう。この書き間違いこそが先の表記統制を裏付けているといえよう。

　これらのことから、おそらく律令国家は、神社附属の神戸と区別するために、それ以外の同音の地名や氏族名には神門の表記を用いることを強いたのである。それは神祇制度の整備の一環であったろう。したがって、仮に風土記編纂の官命の下った和銅六年（七一三）からさほど年月がたたないころに『出雲国風土記』が成立していたのなら出雲郡条の郡名説話は次のように記述されていたであろう。

神戸と號くる所以は、神戸臣伊加曾然の時、神戸を負《お》ひき。故、神戸といふ。即ち、神戸臣等、古より今に至るまで常に此處に居めり。故、神戸といふ。
（所㆔以號㆓神戸㆒者　神戸臣伊加曾然之時　神戸負之　故云㆓神戸㆒　即神戸臣等自㆑古至㆑今　常居㆓此處㆒　故云㆓神戸㆒）

意味は、「神戸というのは、神戸臣伊加曾然の時代に、一族は（杵築大社の）神戸を負うこととなった。それで彼らの一族の姓を神戸というようになった。この神戸臣らが昔から今までずっと此處に住んでいる。それでこの郡を神戸というのである。」となる。つまり、神戸臣は名負の氏として杵築大社＝大穴持命に奉仕することになったのである。鳥居を奉ったわけではないのである。とすれば杵築大社は神戸臣伊加曾然の時はよほど大きな神領地を有していたと考えざるを得ない。それは、神門郡を中心に東隣する出雲郡、杵築大社の御門のある飯石郡や仁多郡までを含んだ、少なくとも『出雲国風土記』

の伝える神話的表現からは、斐伊川・神門川流域、つまり出雲のほぼ西部全域が想定される。

三　出雲の東西

こうした想定に関連することとして出雲の東西の問題がある。『出雲国風土記』の各郡の郡司をみると、出雲東部の国庁の所在する意宇郡では、国造を兼任する出雲臣が大領をはじめ、少領、疑主政、主帳を占めている。さらに嶋根郡、楯縫郡、飯石郡、仁多郡にも郡領に名を連ねている。律令期の出雲国での有力氏族は出雲臣であることは間違いない。これに対し、西部出雲の出雲郡、神門郡には郡司としては出雲臣は見えない。出雲郡の大領は日置臣であり、神門郡のそれは神門臣である。

井上光貞氏は、古墳や神社の分布密度から、熊野大社のある東部出雲の意宇川流域一帯と、杵築大社のある西部出雲の斐伊川流域一帯という二大文化圏を観点に入れながら、文献史学の立場から記紀神話の出雲服属伝承を検討し、「大和朝廷による出雲の征服とは出雲一帯を支配していたキズキの勢力との戦いで、そのさいオウの出雲氏は朝廷に加担し、その結果、国造に任じられたものであること、その征服は武力を伴なうと共に祭祀権の収奪でもあったこと、征服とは土着社会の秩序を破壊することではなくて、在来の身分関係を保存しつつその秩序のまま部制に再編するものであったこと」とされた[*10]。井上氏の研究において、東部出雲の有力氏族は出雲氏とするが、もともと出雲地方一帯に勢力を張っていたキズキの勢力の氏族名については言及されていないことに注意しておきたい。

これに対し八木充氏は県主制と国造制を検討する中で、国譲り神話、崇神紀の神宝献上、景行記の出雲健等の服属伝承の舞台が西部出雲にあり、県（神）社もあることから、意宇の出雲氏はもともと出雲郡地域で県主になった首長勢力であり、ある時期に東部出雲に移動したと考えられ、「出雲の服属とは、杵築勢力を討って意宇勢力を国造にしたのではなく、また神門郡勢力の進出、意宇勢力の倭への屈伏とみるのも異なり、出雲郡地方の県主勢力の服属であり、その首長は意宇地方へ配属され、熊野大神の祭祀集団に代わって国造の職に任ぜられた」と推測された[*11]。出雲氏が地名にちなんだ氏族名であるとすれば、出雲郡出雲郷こそその本拠地としての遺称地であろうから[*12]八木氏の説も魅力的である。

筆者は両説を批判する力を持ち合わせていないのでにわかには結論を出せないが、出雲の主要古墳は六世紀の中葉以降には、西部出雲の大念寺古墳と東部出雲の山代二子塚古墳があたかも対峙するように築かれる*13。そしてそれぞれの古墳を核にするようにして二大古墳群が出雲の東西に六世紀中葉から七世紀にかけて形成されていく。渡部貞幸氏が指摘されるように、主要古墳からみるかぎり七世紀前半まではどちらかがどちらかを服属させたような形跡はまったく窺えない*14。このような古墳の分布状態は、大化前代の出雲に、東西に二大勢力があり、それは後の『出雲国風土記』に記されているような有力氏族である、東部の出雲臣、西部の神門臣につながっていくような有力氏族が対立していたかのような印象を受けるのはまぬがれない。ここに文献資料、考古資料ともに東西出雲論が出てくる源がある。

四　神門臣の前身

神門臣の氏族名が杵築大社の神戸に由来するものであるならば、それ以前は如何なる氏族名であったのであろうか。『新撰姓氏録』左京神別上には*15、

出雲臣
天穂日命十二世孫鵜濡渟命之後也。
神門臣
同上。

とあり、同族関係とみられていた。さらに、『出雲国風土記』出雲郡条健部郷では、もとは宇夜里と云っていたが、景行天皇の時に神門臣古禰を健部と定めたという伝承を載せている。神門臣と他氏族との関係はこれら以外に不明であるが、神戸臣が大穴持命の「神戸を負う」以前は出雲臣であった可能性が今のところ最も大きいであろう。

このようにみれば、『天平十一年出雲国大税賑給歴名帳*16』(以下、『賑給歴名帳』とする)には、出雲郡・神門郡に出雲臣氏やその同族氏族が多数記載されながらも、出雲郡や神門郡の郡領氏族に出雲臣がみえないことの理解の一つになるのではなかろうか。

したがって、主要古墳のありかたに、八世紀の文献資料を無批判に結びつけ、単に東部出雲は出雲氏、西部出雲は神門氏とするにはいま少し慎重にならざるを得ない。出雲の服属伝承を、単に出雲の東西と大和王権の権力関係のみで捉えようとする視点には若干の問題があろう。

五　杵築大社の造営と出雲臣

杵築大社は『出雲国風土記』出雲郡条の出雲御崎山に、「郡家の西北のかた廾八里六十歩なり。高さ三百六十丈、周り九十六里一百六十五歩なり。西の下に謂はゆる天の下造らしし大神の社坐す。」としてその位置を記す。また、神門郡条吉栗山に「郡家の西南のかた廾八里なり。𣗄・枌あり。謂はゆる天の下造らしし大神の宮の材を造る山なり。」とあって、出雲国の神社の中では杵築大社は特別な神社であったことが知られる。記紀神話では大国主命の国譲りの見返りに壮大な神殿を造営し天穂日命に祀らせたという起源譚を載せる。『出雲国風土記』では楯縫郡条の郡名説話において杵築大社造営・祭祀のことがみえる。

楯縫《たてぬひ》と號《なづ》くる所以《ゆえ》は、神魂命《かむむすびのみこと》、詔りたまひしく、「五十足《いそた》る天《あめ》の日栖《ひすみ》の宮の縦横の御量《みはかり》は、千尋《ちひろ》の栲縄《たくなは》持ちて、百結《ももむす》び結び、八十結《やそむす》び下げて、此《こ》の天《あめ》の御量持ちて、天《あめ》の下造らしし大神の宮を造り奉《まつ》れ」と詔《の》りたまひて、御子、天の御鳥命《みとりのみこと》を楯部《たてべ》と為《し》て天下《あまくだ》し給ひき。その時、退《まか》り下り來まして、大神の宮の御装束《みよそほひ》の楯を造り始め給ひし所、是なり。仍《よ》りて、今に至るまで、楯《たて》・桙《ほこ》を造りて、皇神《すみがみ》等に奉《たてまつ》る。故、楯縫《たてぬひ》といふ。

この伝承では、天の御鳥命が杵築大社の祭器である楯と桙を造り奉ることになっているが、楯縫郡条の末の郡司の中に、主張無位の物部臣がいることに注目したい。物部氏は軍事・武器を扱う氏族であったが、例えば崇神紀七年条にみられるように、大物主大神を祭るにあたり「祭神之物《かみまつりもの》」も作り、大和王権の祭祀に関与していた。崇神紀はその大物主大神を祭る主を大田田根子とするが、「地神本紀*17」によれば大田々禰古命は出雲神門臣女美氣姫を妻としていた。物部氏は『賑給歴名帳』にも見出されるが、杵築大社の造営・祭祀に深く関わっていたことが推定されよう。平石充氏も六～七世紀西部出雲の首長を原神門臣と仮称し物部氏との浅からぬ関係を指摘する*18。斎明紀五年（六五九）条の「是歳、出雲國造（名を闕せり。）に命せて、神の宮を修嚴はしむ。」という記載は史実として杵築大社の創建に関わる記事とみなされるが、記録には出雲国造の氏族名は伝わっていなかったようで、その当時、出雲国造が出雲臣であったのかは不明である。物部氏が曽我氏との政争に敗れたこととともその一因のように思える。

正史から知られる出雲国造としての出雲臣氏の初見は『続日本紀』霊亀二年（七一六）に神賀詞を奏上した出雲臣果安である。これより先の大宝二年（七〇二）には諸国の国造が定められているので、出雲臣がいわゆる律令国造となったのもこの年であろう。

律令制下の出雲国造は意宇郡大領の他に、『延喜式』に見られるように国造の就任時や、国家の慶賀時などに臨時に神賀詞を奏上したり、神祇官で執り行われる祈年祭に参加することが主要な役目であった[*19]。こうしたことが大宝令以前に行われていたかどうかは厳密に云えば不明であるが、その淵源はやはり斎明紀五年の杵築大社創建記事に求められるであろう。出雲御崎山の西麓に杵築大社が創建され、かつて出雲地方一体に勢力を張っていた出雲臣のうち、西部出雲にいた出雲臣一族が、大穴持命＝杵築大社の神戸となったのもこの時と考えられる。

注

＊1　秋本吉郎校注『風土記』日本古典文学大系新装版　風土記の引用は全てこれによる。

＊2　加藤義成　一九六二改訂版『出雲国風土記参究』原書房
＊3　萩原千鶴　一九九九『出雲国風土記』講談社学術文庫
＊4　植垣節也校注・訳　一九九七『風土記』日本古典文学全集
＊5　内山真龍　一七八七『出雲国風土記解』
＊6　内田律雄　一九九八『出雲国造の祭祀とその世界』大社文化事業団
＊7　坂本太郎・家永三郎・井上光貞・大野　晋校注　一九九五『日本書紀』(四) 岩波文庫
＊8　森公章　二〇〇〇『長屋王家木簡の基礎的研究』吉川弘文館
＊9　『大日本古文書』東京大学史料編纂所　一九八二復刻版
＊10　井上光貞「国造制の成立」『史学雑誌』六〇の一一、後に『大化改新』一九七〇に所収
＊11　八木　充　一九七五「国造制の構造」『岩波講座日本歴史』2古代2
＊12　石塚尊俊　一九八六『古代出雲の研究』佼成出版
＊13　内田律雄　一九八〇「出雲の前方後円墳について」『山陰史談』山陰歴史研究会
＊14　渡部貞幸　一九八六「山代・大庭古墳群と五・六世紀の出雲」『山陰考古学の諸問題』山本清先生喜寿記念論集刊行会
＊15　佐伯有清　一九六二『新撰姓氏録の研究』本文編　吉川弘文館
＊16　「天平十一年出雲国大税賑給歴名帳」『大日本古文書』二　東京大学出版会一九〇一
＊17　鎌田純一『先代旧事本紀の研究　校本の部』吉川弘文館
＊18　平石　充　二〇〇四「出雲西部地域の権力構造と物部氏」『古代文化研究』第十二号

＊19　内田律雄　二〇〇五「出雲の神社遺構と神祇制度」『古代の信仰をかんがえる』第七一回日本考古学協会総会国士舘大学実行委員会

（『出雲国風土記』の社について（二）―杵築大社と神門臣―」『出雲古代史研究』第十五号二〇〇五）

日置臣の建てた寺

一　はじめに

島根県出雲市大津町栗原にある長者原廃寺は（図Ⅵ—3）、昭和二五年、果樹園開墾によって発見された古代寺院の一つで、その折に現地踏査された山本清氏によって簡単な報告がなされている*1。その報告には、礎石の一部と軒平瓦・軒丸瓦がそれぞれ一種ずつ掲げられている。この後にも、礫石群や遺物が発見され、その特徴ある古瓦の文様は山陰地方の特色の一つにもなり、発掘調査のなされていない寺院としては、遺構と遺物の両方を知ることのできる数少ない重要な遺跡であった。

ところが、昭和五八年頃からはじまったこのあたりの宅地開発によって、寺院跡は調査もなされていないまま破壊されてしまったようである。何故にこのような事態となったのか、いずれ究明されなければならないであろうが、ここでは、幸いにもこれまで採集・記録されている僅かな資料を紹介しながら、長者原廃寺について考えてみたい。

二　遺構

礎石は二種ある。山本清「島根県出雲市長者原廃寺址」『日本考古学年報3』日本考古学協会（昭和三〇年）に紹介してある礎石は、径二二一・〇㎝、高さ三・七㎝の円形柱座を造り出しており、全体の約四分の一が残存するものである*2。この種の礎石は一つだけ残り、円形柱座の付近に後世のものとみられる鏨を打ちこむための長方形の小孔が三ケ所あり、報文によれば横にして立てられた状態にあったことが知られる（図Ⅵ―3）。

この円形柱座を造り出した礎石の北東約十ｍの位置には、円形柱座のみられない礎石群があり、規則的に配置されている部分が残っていることより原位置を保っていると考えられた。池田満雄「古代寺院」『出雲・上塩冶地域を中心とする埋蔵文化財調査報告』（昭和五十五年）では三×五間の建物を想定しているが*3、もう少し規模の大きな遺構であった可能性もある。

これらのことから、円形柱座のある礎石が用いられた建物を南に、円形柱座のない礎石を用いたものを北側に配置した、少なくとも二棟の中心的建物が存在したことが窺える。

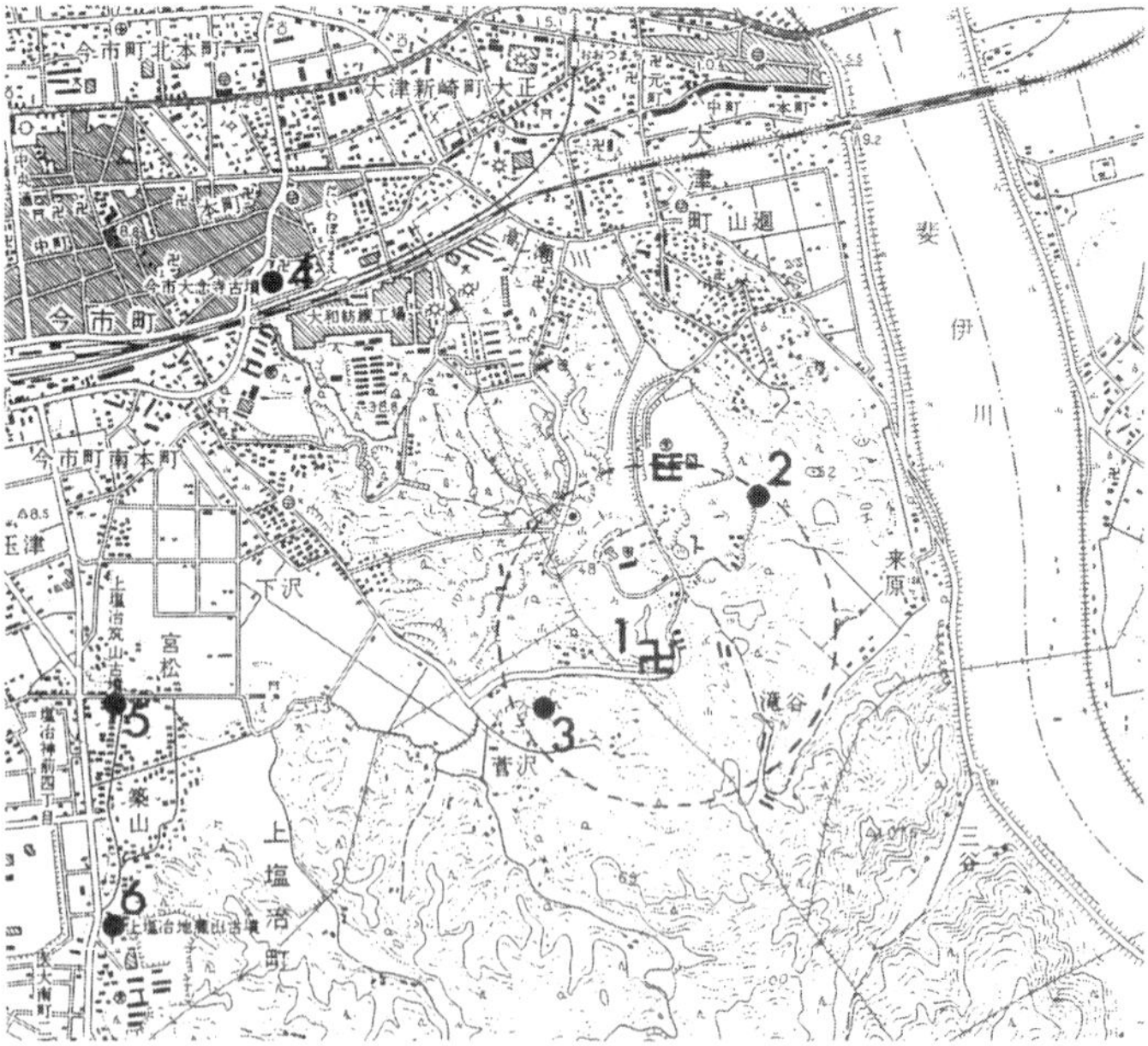

1.長者原廃寺跡　2.西谷遺跡　3.菅沢古墓　4.大念寺古墳　5.筑山古墳
6.地蔵山古墳

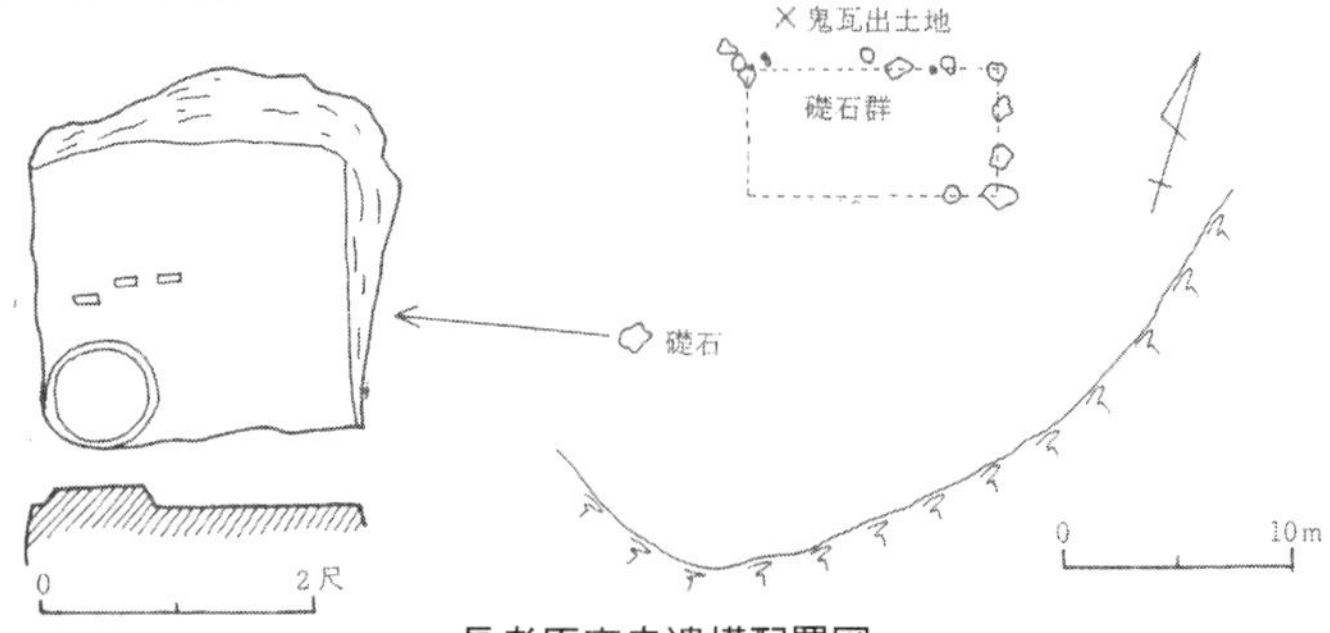

長者原廃寺遺構配置図

Ⅵ—３　長者原廃寺と周辺の遺跡

三　遺物について

これまでに採集されている遺物には、古瓦、須恵器、鉄製品がある。

（一）古瓦

古瓦は、軒平瓦二種、軒丸瓦一種、丸瓦、平瓦、鬼板瓦がある。これらの古瓦を便宜上、Ⅰ群とⅡ群に大別した。

Ⅰ群は軒平瓦一種一片のみであるが、いわゆる長門深川廃寺系の瓦当文様で*4、これとセット関係にある軒丸瓦の存在したことが推定できる（図Ⅵ―4）*5。

軒平瓦は須恵質に焼成されており、段顎の隅切瓦である。瓦当幅五・〇cm、顎幅五・〇cm。その他の造瓦技法については小片の為不明であるが、平瓦部凹面の一部に布目痕が観察される。Ⅱ群に分類したものは採集されている資料の量は多い。軒丸瓦一種、軒平瓦一種、丸瓦、平瓦、鬼板瓦一種があるが、いずれも完形のものはなく、土師質である。

軒丸瓦（図Ⅵ―4―4〜9）は、瓦当径は一四・八cmの比較的小形のものである。中房の径は四・二cmを測り高くならない。一十十個の蓮子を配しているが、中央の蓮子は径

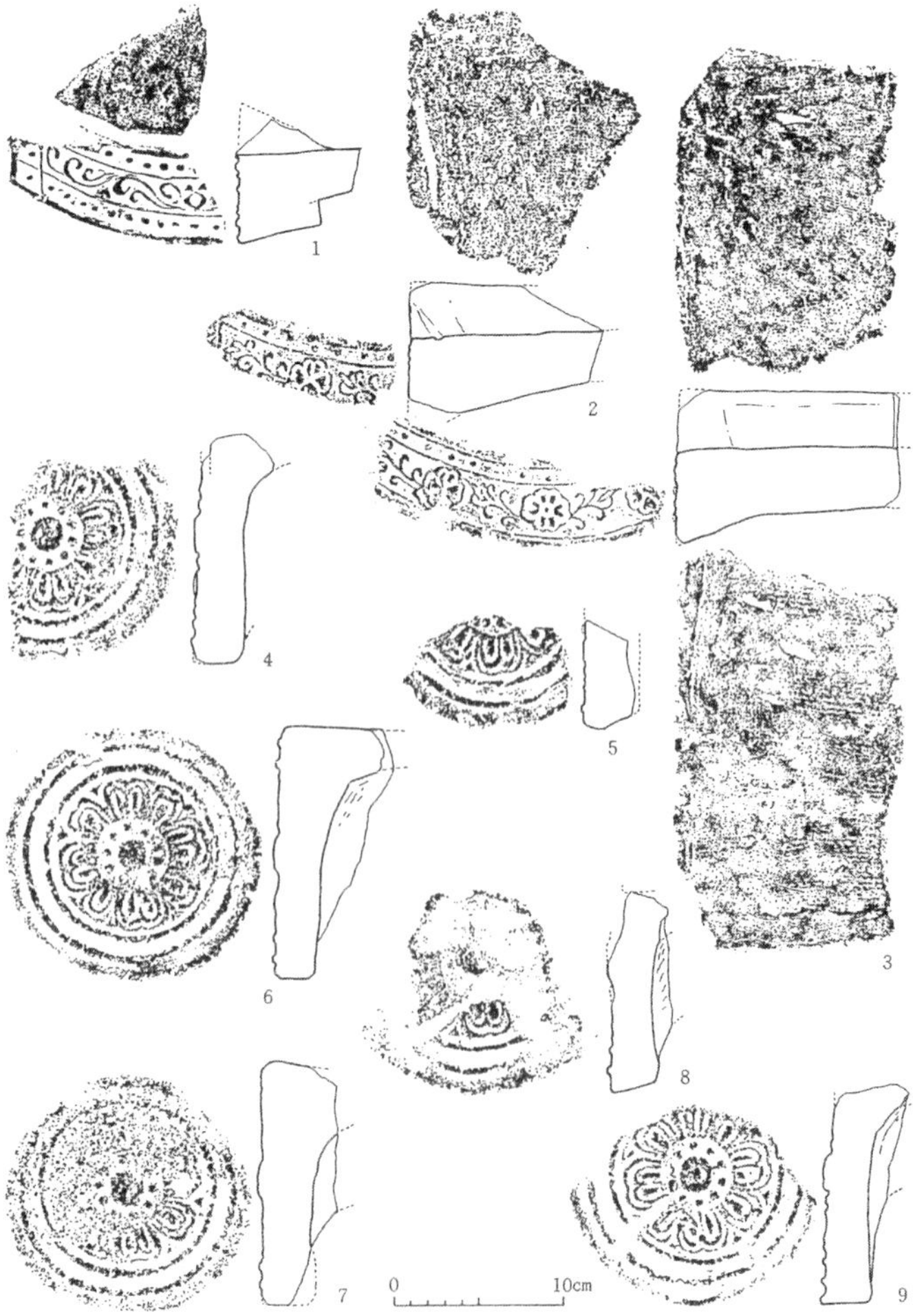

Ⅵ－4　長者原廃寺出土遺物実測図(1)

二・〇cmと大きい。弁は単複弁蓮花文を十字に配している。間弁は逆三角形で中房や蓮花文にとどかない。外区は二重の圏線となっている。丸瓦部は瓦当裏面にあまりくいこませない印籠式と思われる。

軒平瓦（図VI―4―2、3）は軒丸瓦とセット関係にあると考えられる。瓦当文様は出雲国分寺創建期の軒平瓦と同文であり、やや繊細さに欠けるが退化形式ではない。顎は曲線顎である。平瓦部凹面には布目痕が残る。凸面には縄目叩き痕を側縁に沿ってヘラ削り調整を施しほとんど消している。その他の造瓦技法については不明。瓦当幅は五・五cm、復元した長さは二五・〇cmほどである。

丸瓦（図VI―5―10、11）は行基式のものしかみられない。凹面は糸切痕と布目痕が残り未調整。凸面は縄目叩き痕を残す。

平瓦は小破片の為、造瓦技法は不明であるが、凹面に布目痕、凸面に丸瓦と同様な縄目叩き痕を残す*6。

鬼板瓦は（図VI―6）は、五片二個体以上あり、いずれも同文・同笵作りである。これらの破片より図VI―6のような忿怒形鬼面文の復元を試みた。礎石群の付近から出土している。

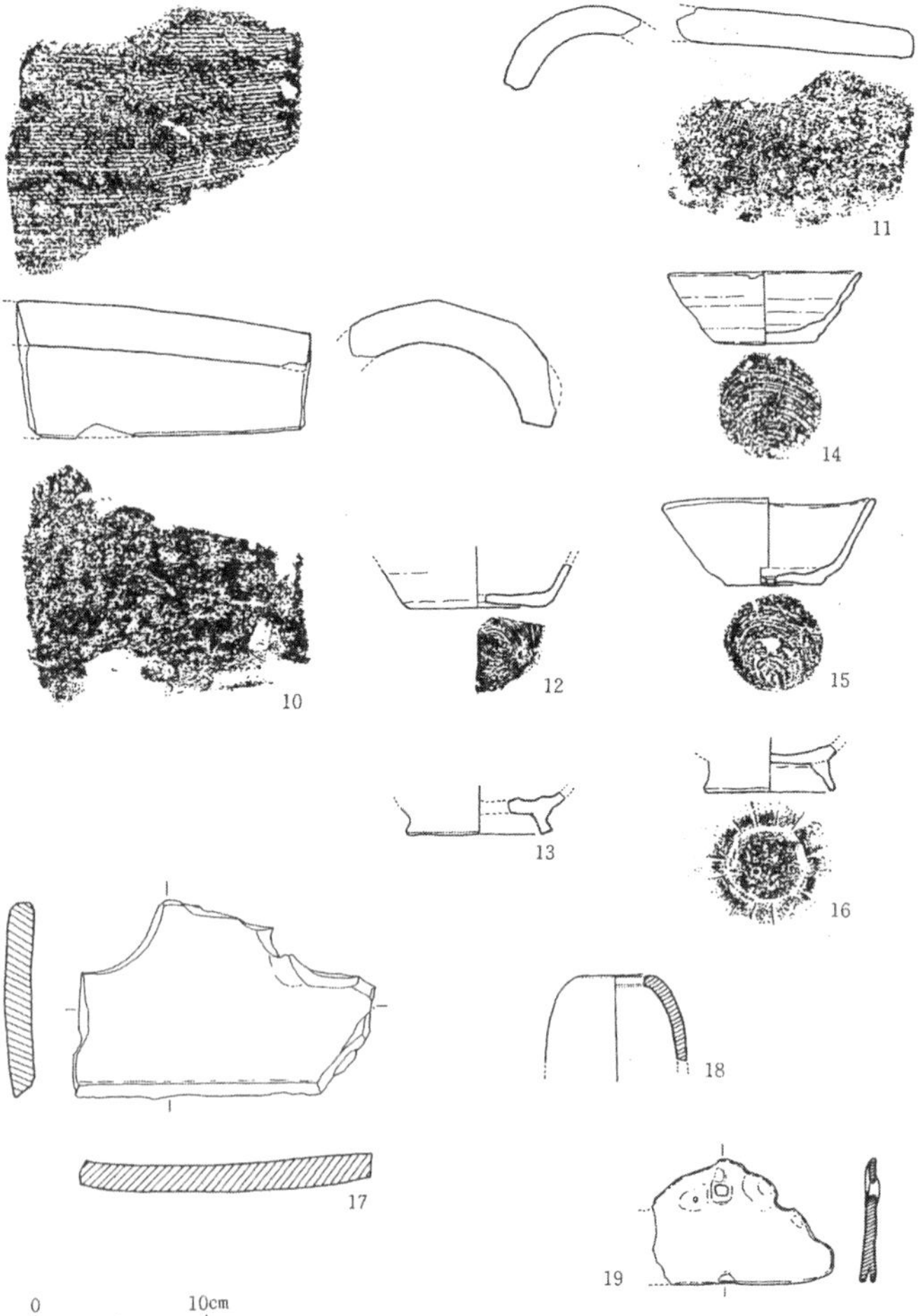

Ⅵ－5　長者原廃寺出土遺物実測図(2)

復元した最大幅は三六・八㎝、高さ四一・五㎝、鼻の部分での厚さ九・〇㎝で、頭部が半円を描くアーチ式となる。幅の広い上の前歯を四枚、その両側に歯牙をむき出しにしている。下歯の表現はないと考えられる。但し、下の歯牙があった可能性はすてきれない。下顎の両脇に獣毛がみられる。鼻は高く鼻孔は横にひらく。目も大きく高い団栗眼である。頬から額にかけて二〜三重に高く盛り上がる。外区の殊文も大きく盛り上がり、太い凸線で内区を画している。眉間には釘穴が穿たれている。ほとんどは土師質に近い部分があるが、資料によっては一部須恵質に近い部分がある。頭部、及びその付近の破片がみあたらないので、とりあえず同時期と考えられる軒丸瓦の文様を鳥伏間として配してみた。

(二) 須恵器

須恵器は坏と蓋の破片がある。(図Ⅵ—5—12、13)。12は無高台の坏で口縁部を欠く。外面底部には回転糸切痕が残り未調整である。外面の一部に漆、または煤と考えられる黒色の付着物がみられる。13は高台付の長頸壺の底部である。

(三) 土師器

土師器はいずれも坏である。(図Ⅵ—5—14、15、16)。口径は一二・〇㎝前後の小形の

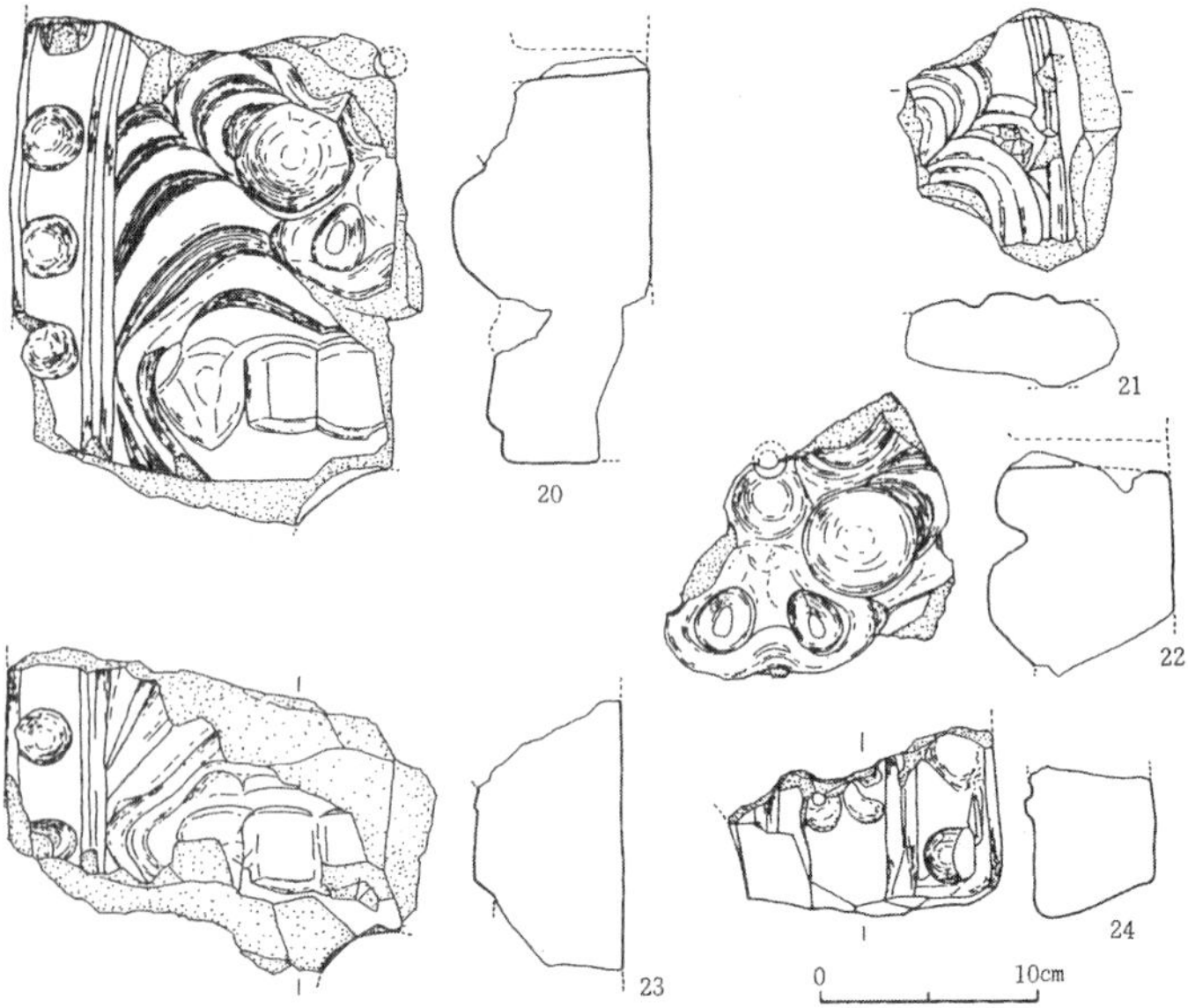

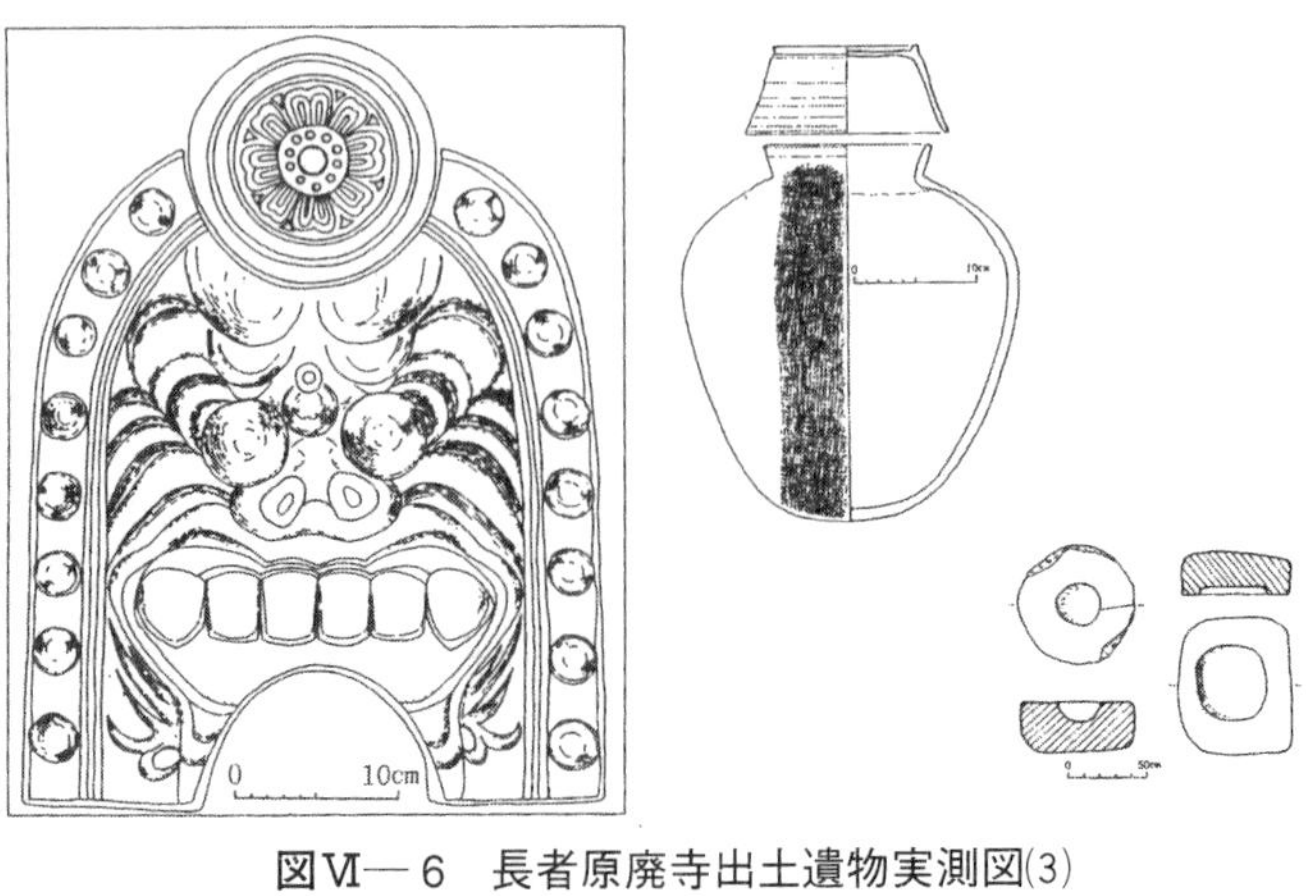

図Ⅵ—６　長者原廃寺出土遺物実測図(3)
上：西谷遺跡出土蔵骨器（近藤正原図）　下：菅沢古墳出土蔵骨器

もので、無高台のものと（14、15）、高台付のもの（16）がある。底部外面は回転糸切痕がのこる。14は内面と口唇の一部に黒色の付着物がみられる。16は底部に小孔が穿たれている。また、図示できなかった土師器片が数片あるが、これらも含めて、皆、寺院跡に多数出土例のある灯明皿と考えられる。

（四）鉄製品

鉄製品は三片ある（図Ⅵ―5―17、18、19）。17は一一・五×一七・〇cm、厚さ一・五cmの不整形を呈する鋳造品の破片である。僅かに認められるカーブからすると、相当大形の釜状となる。類似のものは大田市天王平廃寺に出土例があるが*7、島根県下の古代寺院が大形の鉄釜を所有していたことが知られる好例である。18は最大径八・二cmに復元される口の窄った筒状の鋳造品である。口径三・五cm、厚さは〇・七cmを測る。19は鍛鉄製で山形の火打金である。最大幅七・〇cm、厚さ〇・五cm、復元した一三・〇cmである。西日本の古代遺跡出土例としては極めてまれである*8。土師器の燈明皿や寺院における仏具との関係が考えられる。

四　関連する遺跡について

次に、長者原廃寺に関連して、以下の二つの遺跡を紹介しておくことにする。西谷遺跡[*9]（図Ⅵ―3）管沢遺跡[*10]（図Ⅵ―3）がそれである。

西谷遺跡からは須恵器を利用した蔵骨器が出土しており（図Ⅵ―6）、中に火葬骨が納められていたと報告されている。須恵器は器高三一・〇cm、低い口縁の甕と、器高七・〇cm、口径一六・五cmで低い高台のつく坏を蓋としたものである。奈良時代末から平安時代初頭にかけての時期のものであろう。

管沢遺跡からは凝灰岩製の蔵骨器が発見されている（図Ⅵ―6）。報文によれば、身と蓋からなり、身は径七〇・〇cm、厚さ三〇・〇cmの円形で、中央に径二五・〇cm、深さ一三・〇cmの半球状の穴を穿ち、蓋は八五・〇×七〇・〇cm、厚さ二七・〇cmの長方形に近いもので、内面に径四五・〇cm、深さ五・〇cmのくりこみがあり、中に火葬骨が納められていたという。付近で須恵器片や土師器片も出土している。注意したいのは、火葬骨を納めた古代の蔵骨器を出土した遺跡が、長者原廃寺を中心に、同一丘陵上に、半径一・〇kmの範囲に存在することである（図Ⅵ―3）。島根県内の古代の蔵骨器は、他に松江市坂本町坊床廃寺[11]、安来市荒島町久白廃寺等[12]が知られているが、いずれも寺城内やその付近から出土している。西谷遺跡や管沢遺跡出土の蔵骨器も長者原廃寺と深い関係があったことが推測できよう。

五　長者原廃寺の年代観

長者原廃寺から採集されている遺物は以上のようであるが、次にこれらの遺物を中心にその年代を探ってみたい。

長者原廃寺の存在する出雲市大津町は、古代出雲国九郡中、神門郡に属していたと考えられている。その神門郡には、天平五年（七三三）年に編纂された『出雲国風土記』神門郡の条によれば、朝山郷と古志郷に新造院が記されているが、神門郡家の推定地[13]からの方位里程に、この長者原廃寺はあてはまらない。従って、風土記編纂時に天平五年以降に建立された可能性が指摘できよう。

次に、Ⅰ郡に分類した長門深川廃寺系軒平瓦は、文様や技法において、八世紀の前半頃と考えられる長門深川廃寺出土資料よりも後出的様相であることがあげられる。長門深川廃寺と長者原廃寺出土軒平瓦は、共に明確な段顎であるが、唐草文の表現に若干の違いがあり、厳密には長者原廃寺出土資料は、この種の文様を出土するもう一つの寺院跡である松江市山代町来美廃寺出土資料と同文である。その来美廃寺出土軒平瓦は曲線顎に変化している。また、軒丸瓦も、長門深川廃寺出土資料が瓦当部と丸瓦部との接合法が結合式であるのに対し、来美廃寺出土資料は印籠式となっている。このような諸点において長者原廃寺出土資料は、地理的にも、瓦当文様や造瓦技法においても、長門深川廃寺と来美廃寺との間に時期的な位置づけをすることができる。

Ⅱ群に分類した出雲国分寺系軒平瓦も、その瓦当文様のみをみると、出雲国分寺の創建期のそれと同時期か、或いはやや後出するものと考えられる。すなわち、Ⅱ群に分類した全ての古瓦は、少なくとも国分寺建立の詔が出される天平十四年（七四一年）をさかのぼらないものとすることができる。

ここで問題となるのは、Ⅱ群に分類した軒丸瓦の瓦当文様である。なぜなら、単複弁文様を配したこの軒丸瓦と同文のものが韓半島に見出され[14]、国内にはみあたらないからである（図Ⅵ—7）。山陰地方の古瓦は、特に出雲のそれは、出雲国分寺出土資料をはじめ、これまで新羅の古瓦文様との類似点が指摘されてきた[15]。しかし、新羅のど

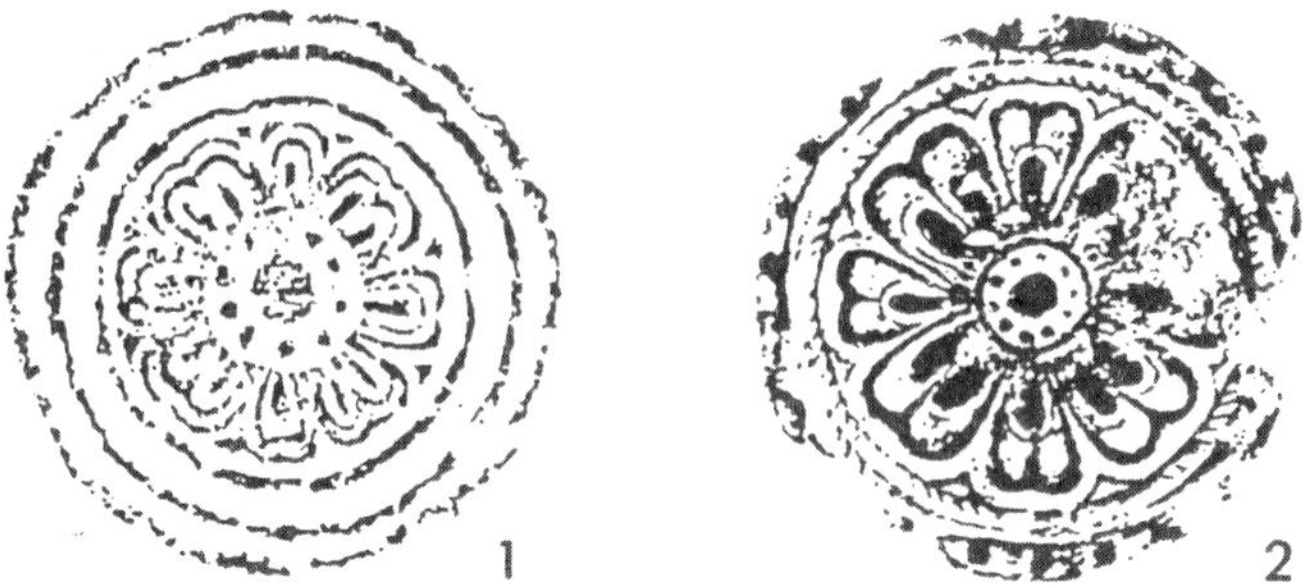

図Ⅵ―７　瓦当文様の比較（1：長者原　2：慶州附近）

の古瓦と類似しているのかを明確に述べた論考はみられない。長者原廃寺出土軒丸瓦は、このよう視点において同文様と云える資料として注目されよう。

但し、慶州付近出土と伝えられるこの軒丸瓦の年代については二説ある。一説は濱田耕作・梅原末治『新羅古瓦の研究』で[*16]、統一新羅時代と考えられ、他の一つは井内功『朝鮮塼図譜』で[*17]、高麗時代に入れられている。韓半島の古瓦の年代観については、後者がより正確と思われるので、ここではこれに従うことにしたい。

さらに、長者原廃寺で採集されている遺物で注目したいものに土師器の燈明皿がある。当地方の古代寺院においては、須恵器の燈明皿にかわり土師器のそれが使用されるようになるのは十世紀代に入ってからと考えられるので、Ⅱ群の軒丸瓦の瓦当文様が韓半島と直接的な関係にあるとすれば、両者の年代観はお互いに近いものとなる。とすれば、Ⅱ群に分類した古瓦の年代は十世紀以降に位置づけられる。そして、Ⅱ群の古瓦の中に須恵器のものがみられず、赤褐色を呈したもろい土師質であることや、鬼板瓦の一部にのみ須恵器に近い部分が残ることから、二次焼成が考えられる。それはⅡ群の古瓦を使用した建物の焼失した時期を示しているとともに、この寺院の廃絶時期でもあったと想像できる。

六　神門郡日置郷との関係

長者原廃寺の存在する現在の出雲市大津町は、『出雲国風土記』や『和名類聚抄』の神門郡塩冶郷に属していたと考えるのが主流である。それは天和三年（一六八八年）に成立した『出雲国風土記』の最初の注釈書である『出雲国風土記抄』によっている[*18]。後藤蔵四郎『出雲国風土記考證』[*19]や加藤義成『出雲国風土記参究』も[*20]これを継承している。『出雲風土記抄』は、少なくとも今日の出雲よりは風土記時代に近い状況で考証されているけれども、石塚尊俊氏が指摘された如く[*21]、その比定には根拠が示されてはいない。

一方、近藤正「『出雲国風土記』所載の新造院とその造立者*22（近藤一九六八）」では、長者原廃寺出土のⅠ群の軒平瓦の瓦当文様が、日置氏建立の意宇郡山代郷造院の一つに比定される松江市来美廃寺出土と同文であることをよりどころにし、同じ日置氏建立の出雲郡河内郷の新造院をこの長者原廃寺に疑定し、

新造院一所　有㆓河内郷中㆒　建㆓立嚴堂㆒也　郡家正南一十三里一百歩　舊大領日置部臣布禰之所㆑造（今大領佐底麿之祖父）

という『出雲国風土記』出雲郡の新造院の記載に*23誤写があったとした。つまり、文意からすると「正南」は「正西」の誤写であろうと推定されたのである。

このような考え方に立てば、出雲郡河内郷は、斐伊川（『出雲国風土記』では斐伊大川）を挟んで、その両側に跨ってあったことになり、それは、

河内郷　郡家正南一十三里一百歩　斐伊大河　此郷中西流　故云㆓河内㆒即有㆑隄

長一百七十五尺　七十一丈之廣七丈　九十五丈之廣四丈五尺

という河内郷の地名起源説話の内容にも一致するかのようにも思える。

ところが、昭和六二年に発見された簸川郡斐川町の天寺平廃寺*24は、近藤正氏の長者原廃寺を出雲郡河内郷新造院に疑定するという説を覆すことになった。なぜなら、天寺平廃寺では規則的に配列された礎石群の確認とともに、長者原廃寺や来美廃寺と同文の長門深川廃寺系軒瓦がセットとして採集されたからである。出雲郡家跡に推定されている簸川町求院付近からの天寺平廃寺までの方位里程も、地形等を考慮すれば『出雲国風土記』の記述と大きくかけはなれない。この天寺平廃寺こそ出雲郡河内郷の新造院として比定されるべき寺院跡と考えられる。ただ、出雲から発見される長門深川廃寺系軒瓦は風土記時代より後の時代のものであるという点で若干の躊躇をせざるを得ない。しかし、そのことは前述したように長者原廃寺が出雲郡河内郷の新造院に比定しにくいことにもなり、天寺平廃寺の発掘調査が望まれるのである。尚、天寺平廃寺出土軒瓦は、軒平瓦は明確な段顎、軒丸瓦は印籠式である。

そこで、長門深川廃寺系古瓦の分布をみると、長者原廃寺は『出雲国風土記』編纂時以降に、日置氏によって建立された寺院であり、その所属した郷は、出雲郡河内郷でも神門郡塩冶郷でもなく、神門郡日置郷であったとの推定ができる。そこには、古瓦の製瓦技法や瓦当文様、古代郡郷の比定地等から、長門深川廃寺と長門国大津郡日置郡→長者原廃寺と出雲国神門郡日置郷→天寺平廃寺と出雲郡河内郷新造院（日置臣布彌建立）→来美廃寺と意宇郡山代郷新造院（日置君目烈建立）という山陰地方の古代寺院建立と日置氏との深い関係が知られる*25。

七　おわりに

以上、長者原廃寺について、その資料を紹介しながら私見を述べてきた。最後に問題点を整理して結びとしたい。

ⓐ　長者原廃寺出土古瓦のうち、Ⅰ群に分類した軒平瓦は、長門深川廃寺系の瓦当文様であり、長者原廃寺が存在する出雲市大津町は『出雲国風土記』の神門郡日置郷に属していたと考えられ、古代の郷の比定にあたっては、神門郡塩冶郷に入るとした『出雲国風土記抄』を無批判に継承することに対する警告として受けとめなければいけな

い。

ⓑ『出雲国風土記』によれば、日置氏はこれまで述べてきたような長門深川廃寺系古瓦を出土する寺院ばかりでなく、意宇郡舎人郷の地名起源説話、同郡山国郷新造院の造立者、大原郡郡司主政、飯石郡郡司主張としてもみえ、その裏に古代出雲の中で占めていた重要な役割が読みとられ、出雲氏との関係において評価する必要がある。

ⓒⅡ群に分類した軒平瓦は出雲国分寺系の瓦当文様、軒丸瓦のそれは慶州地方と直接的な関係が求められ、寺院建立者の性格を山陰地方ばかりでなく、さらに視野を拡げて考える必要がある。従って近藤正氏が、前掲論文*22において、この軒平瓦の瓦当文様を、神門郡朝山郷新造院に比定される神門寺境内廃寺出土の第二類軒丸瓦（近藤氏分類）のそれをもとに作られたものであるとされたのは再考を必要とする。

注

＊1　山本　清　一九五五「島根県出雲市長者原廃寺址」『日本考古学年報三』日本考古学協会

＊2　注1に同じ。

＊3　池田満雄　一九八〇「古代寺院」『出雲・上塩冶地域を中心とする埋蔵文化財調査報告書』

島根県教育委員会

＊4　中村徹也・八木充　一九八一「原始・古代」『長門市史（歴史編）』長門市

＊5　内田律雄　一九八七「『出雲国風土記』と考古学」『出雲古代史の諸問題』古代史サマーセミナー実行委員会

＊6　注文献に3によれば、縦三二㎝、横二二㎝、中央での厚さ三㎝、端二㎝の完形品があるとされているが実見できなかった。

＊7　近藤　正　一九七〇「天王平廃寺」『島根県埋蔵文化財調査報告書』第Ⅲ集　島根県教育委員会

＊8　高嶋幸男　一九八五『火の道具』柏書房

＊9　池田満雄　一九七〇「出雲・菅沢古墓」『島根県埋蔵文化財調査報告』第Ⅲ集　島根県教育委員会

＊10　池田満雄　一九七一「出雲・西谷出土蔵骨器」『島根県埋蔵文化財調査報告書』第Ⅲ集　島根県教育委員会

＊11　近藤　正　一九七一「松江近辺出土陶製壺その他」『島根県埋蔵文化財調査報告書』第Ⅲ集

＊12　永見　英　一九八四『小久白遺跡詳細分布調査報告書』安来市教育委員会

＊13　注5に同じ。

＊14　濱田耕作・梅原末治　一九三四『新羅古瓦の研究』京都帝国大学文学部考古学研究報告　第一三冊

＊15　水野　祐　一九八三『出雲国風土記論攷』　東京白川書院
＊16　注14に同じ。
＊17　井内　功　一九七八「高麗・李朝」『朝鮮瓦塼図譜』Ⅵ　井内古文化研究室
＊18　岸崎時照　一六八三（天和三年）『出雲風土記抄』
＊19　後藤蔵四郎　一九三四『出雲国風土記考證』
＊20　加藤養成　一九五七『出雲国風土記参究』　原書房
＊21　石塚尊俊　一九八七『古代出雲の研究』　佼成出版社
＊22　近藤　正　一九六八「『出雲国風土記』所載の新造院とその造役者」『日本歴史考古学論叢』
＊23　以下、『出雲国風土記』の引用は全て秋本吉朗　一九五八『風土記』日本古典文大系による。
＊24　斐川町教育委員会　一九八七「天寺平廃寺について」『八雲立つ風土記の丘No.八四』島根県立八雲立つ風土記の丘
＊25　注5に同じ。

（「出雲長者原廃寺と神門郡日置郷」『青山考古』第七号　青山考古学会　一九八九）

Ⅵ　神門郡

長者原廃寺その後

前項の原稿を発表してから二七年が経過した。その間に長者原廃寺を取り巻く環境はずいぶん変わってしまった。宅地の開発が進み、病院や墓地、道路整備、斐伊川放水路、そして西谷墳墓群の整備と出雲弥生博物館の建設など、まるでそこに古代寺院などなかったかのような勢いの変わりようである。しかし、筆者の頭の片隅には長者原廃寺出土の瓦の紋様についてどうしても気になることがあった。それは出雲国分寺の瓦当紋様との関係である。長者原廃寺出土瓦のⅡ類としたセット関係にある軒丸瓦と軒平瓦である（図Ⅵ—8）＊1。この紋様は新羅の古代瓦と同紋様であることは間違いないが、その軒平瓦は出雲国分寺のそれとも同紋様（異範）である。しかし、軒丸瓦の瓦当紋様は同紋様ではない。長者原廃寺と同紋様の軒丸瓦は慶州付近にあり、軒平瓦も慶州の興輪寺や普門寺、そして出雲国分寺と、いずれも同じモチーフである。これらが韓半島、とりわけ新羅と紋様において関係の深さを知ることができよう。

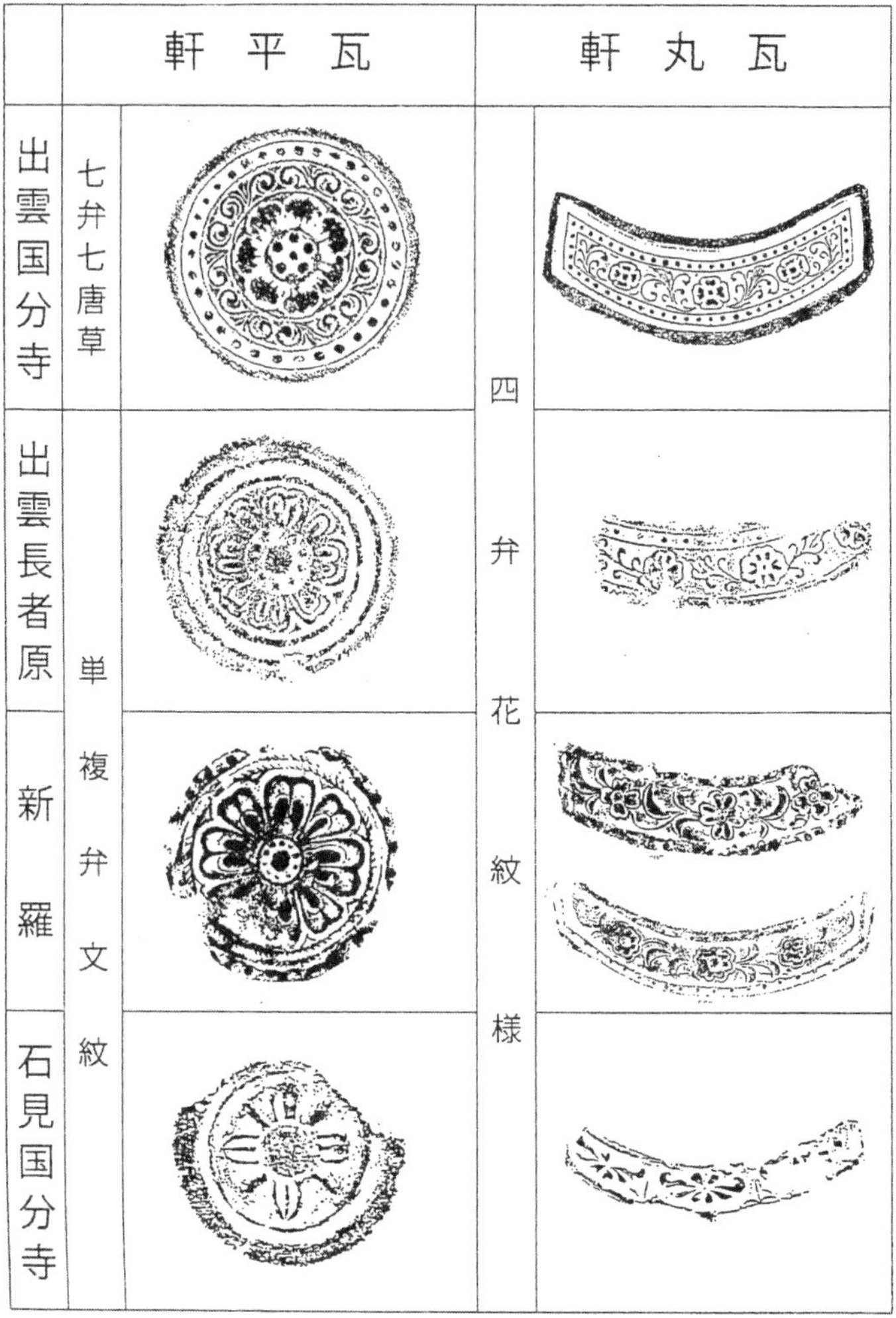

図Ⅵ—8　瓦当紋様の比較

瓦当紋様のセット関係をみると、いずれも、軒平瓦は四弁蓮華紋と唐草である。出雲国分寺軒丸瓦は七弁七唐草を配しているが、出雲長者原廃寺のそれは単複弁であり、それは新羅でも同様と考えられる。さらに石見国分寺の平安時代に下ると考えられる一群の瓦の中にも、軒平瓦は新羅系八葉蓮華紋と唐草、軒丸瓦は単複弁のセットがある。亀田修一はその軒丸瓦と高句麗の瓦当文様との類似を指摘している（亀田一九九三）。高句麗のものは蕾と花弁を交互に配しており、新羅や日本の単複弁の祖型紋様になった可能性がある。出雲国分寺を除く軒丸瓦の瓦当文様については、高句麗のみならず、渤海や高麗をも含め、いわゆる高句麗様式との関係を考える必要があろう。

出雲国分寺の軒丸瓦は、韓半島に類似のものはあっても、今のところ、日本にも彼の地にも同紋様のものは見いだせない。出雲国分寺の瓦当紋様が新羅系と云われるようになってから久しい。この軒丸瓦の紋様は新羅の瓦と見間違うような華麗で繊細な優れた瓦当紋様である。その系譜を辿るのはこれからの課題の一つである。

ところで、平城京長屋王邸から出土した木簡の中に、廃品となった折敷底板の内外面に、習書や墨画がみられるものがある。「楼閣山水之図板絵習書」と報告されている（小池一九九一）。その楼閣山水之図は、楼閣を中心に建物や門などが七棟あり、中国伝来の絵画を映したものであろうとされる（上野一九九二）。このうち門に続く築地塀が、四弁の蓮花とそれを半裁した紋様を配しているのが注目される。この紋様は、ここで取り上げている軒平瓦の瓦当紋様と同じモチーフであり、新羅瓦の中にも酷似のものがある（濱田・梅原一九三四）。八世紀の前半（小池一九九二）にはこの種の紋様が既に都城に知られていたことがわかる。この種の瓦当紋様を新羅系とするのには問題はないが、その時期についてはさらに検討を要す。天平十三年（七四一）にいわゆる国分寺建立の詔が発布されるが、出雲国分寺の場合、実際にはそれより以前から準備は進められていることが指摘されている。山本清はそのころ出雲国守であった石川年足の善政の一つを出雲国分寺建立事業に求めている（山本一九九二）。

長者原廃寺の性格については前論文を発表してからは、これを取り上げた研究はほとんど見られないが、出雲長者原廃寺を、「長者原廃寺がある丘陵は、古代山陰道の推定ルートに隣接して国府との連絡も容易な上に出雲平野を一望でき遠く日本海も望める位置」にあることから、『出雲国風土記』記載の神門軍団に比定する考えもある（出雲弥生博二〇一五）。しかし、造り出しの円形柱坐の礎石、前論文掲載の鉄製品を水煙、風鐸、風招とすれば寺院以外には考えられない*2。鉄製の風鐸は珍しいが、千葉県市原市萩ノ原遺跡では、奈良・平安時代の集落の一角に村落内寺院が存在し、鉄製の風鐸、風招が検出されている（須田一九九八）。従って長者原廃寺には、少なくとも金堂と塔が存在していたことが推定され、前論文で述べた寺院の年代観や鉄製品に関する見解を訂正しておきたい。

このように、長者原廃寺は多くの興味深い問題を提供しており、既にそのほとんどが破壊されていると思われるが、この地域の再開発にあたっては慎重なる対応が必要とされよう。

（新稿）

注

＊1　本書「日置氏の建てた寺」

＊2　但し、付近に山陰道や神門軍団が存在した可能性はある。なお、前論文で板状の鉄製品（Ⅵ4―17）としたのを水煙に訂正する。

引用・参考文献

出雲弥生博物館　二〇一五「西谷古墓と長者原廃寺」『二〇一五年度　第3回ギャラリー展図録』
上野邦一　一九九一「楼閣山水之図」『平城京長屋王邸宅と木簡』奈良国立文化財研究所
亀田修一　一九九三「朝鮮半島から見た出雲・石見の瓦」『八雲立つ風土記の丘』No.一一八・No.一一九合併号　島根県立八雲立つ風土記の丘
小池信彦　一九九一「木製品」『平城京長屋王邸宅と木簡』奈良国立文化財研究所
須田　勉　一九九八「萩ノ原遺跡」『千葉県の歴史―資料編　考古3（奈良・平安時代）―』千葉県
濱田耕作・梅原末治　一九三四『新羅古瓦の研究』京都帝国大学文学部考古学研究報告第一三冊
山本　清　一九九一「出雲」『新修国分寺の研究―第四巻　山陰道と山陽道―』吉川弘文館

（新稿）

コラム2　神戸郡の大瓜

『日本書紀』推古天皇二五年条には、出雲に関する次のような記載がある。

二十五年の夏六月《みなづき》に、出雲國《いずものくに》言《まう》さく、「神戸郡《かむとのこほり》に瓜《うり》有《あ》り。大《おほ》きさ缶《ほとぎ》の如《ごと》し」とまうす。

是歳《ことし》、五穀《いつつのたなつもの》登《みな》れり。

（二十五年の夏六月に、出雲国が「神戸郡で作っている瓜は缶のように大きなものです。」と報告してきました。今年は五穀豊穣である。）

神戸郡はのちの神門郡、そこで作っている瓜は缶のような大きな瓜であるというのである。缶は瓮とも書くから、一抱えもある大きな丸い瓜である。『日本書紀』は次に、その年は全国的に五穀豊穣であったと記しているから、そのような大きな瓜が実り、そしてそのことを吉祥として報告したのであろうと漠然と思っていた。

この推古紀の記事があり得ない話ではないと考えられるのは、『正倉院文書』の天平六年（七三四）『出雲国計会帳』にみえる、伯耆国庁から出雲国庁へ送られてきた移（送り状）の記載である。

三月
九日移太政官下符壹進罇𤬪状

つまり、太政官が出雲国に罇𤬪を貢納するよう下した文書が届いたことが知られる。

ここにみえる罇𤬪が瓜類であることは標記から知られる。この種の瓜が山陰地方で栽培されていた証拠である。罇𤬪の罇は説明するまでもない。𤬪は瓠で、丸い罇のような大きな瓜という意味になろう。一抱えもあるような大きな瓜である。これを樽に漬けた瓜と解さないのは、罇の部首が缶であることを重視するからである。

実際に古代にそのような瓜が栽培されていたのであろうか。瓜類はすでに縄文時代に日本に入ってきており、種子が発見されている。弥生時代の松江市西川津遺跡では、マクワウリをはじめ数種類の瓜類の種が出土している。一抱えもある瓜ならば、味を楽しむ瓜ではないのであろう。

このことを鳥獣から農作物を守る対策で全国から引っ張りだこの島根県在住の井上雅央さんに話してみたところ、それは冬瓜のことではないかと教えていただいた。確かに冬瓜は、長冬瓜と丸冬瓜があり、特に丸冬瓜は一抱えにもなる大きなものがある。そっけない味だが、そこは料理の腕の見せ所で、レシピは沢山ある。一般的に、皮が厚く冬まで日持ちするので、冬瓜と云う。カンピョウの代わりにもなる。これなら遠く出雲から都まで運んでも問題はない。マクワウリのような味瓜類だと食べ時を逃す恐れがある。

それでは、『出雲国計会帳』にみえる鐏瓠は、はたして冬瓜なのか。冬瓜は延喜十八年（九一八）に成立した『本草和名』に「白冬瓜」とみえ、和名は加毛《かも》宇利《うり》とあって、現在でも「かもうり」とか「かもり」と云い、多くの地方名がある。大丸冬瓜は十kgを超すのもあり、熟すと表面に白粉をふくとされる。『本草和名』の「白冬瓜」を想起させる。

気になるのは平城京の長屋王邸から、「出雲国税使神戸臣□」という木簡が出土していることである。この木簡は、およそ和同四年（七一一）から養老元年（七一七）にかけて使われていた溝から出土しており、そのころ神戸郡（神門郡）に長屋王家の封戸が設定され、税使（司）が派遣されていたと考えられている。具体的には『出雲国風土記』神門郡条にみえる「園」がその場所であろう。もちろん想像の域を出ないのだが、鐏瓠は大丸冬瓜のことで、長屋王家の封戸物の一つではなかったのか*1。その起源は推古天皇の時代にまでさかのぼらせて考えても無謀ではないであろう。ヤマト王権を構成していた貴族たちに代々引き継がれてきた領地であった可能性がある。それは出雲が出雲と云う地域として既に推古天皇の時代には認識されていたことを示している。

注

*1　出雲市九景川遺跡（古代の神門郡）では中世の土坑から冬瓜の種子が出土している（西本　二〇〇八）。

引用・参考文献

内田律雄　二〇〇五「『出雲国風土記』の社について（二）」『出雲古代史研究』第一五号　出雲古代史研究会
西本豊弘　二〇〇八「九景川遺跡の動物遺体・植物遺体」『九景川遺跡』一般県道出雲インター線建設に伴う埋蔵文化財発掘調査報告書Ⅰ　島根県教育庁埋蔵文化財調査センター
平川　南　一九八四「出雲国計会帳・解部の復元」『国立歴史民俗博物館研究報告』第三集　国立歴史民俗博物館

（新稿）

Ⅶ 飯石郡

発掘された志都美剗

一　はじめに

天平五年に編述された『出雲国風土記』には「剗《せき》」の記述が散見される。島根県教育委員会は一九九二～一九九三年にかけて志津見ダム建設予定地内にある『出雲国風土記』「志都美剗」推定地の一角の発掘調査を実施した。調査対象となったのは飯石郡頓原町志津見《しつみ》字岡にある門《かど》遺跡である。遺跡は神戸川左岸に三瓶火山灰層によって形成された約三万㎡の河岸段丘上にある。

二　調査の概要

検出された遺構は、縄文時代後・晩期の墓坑群、弥生時代中・後期の竪穴住居跡群と掘立柱建物跡、七世紀代の横穴式石室二基、七～八世紀の竪穴住居跡群、及び溝状遺構、そして、中世の製鉄炉・鍛冶炉等である。

このうち『出雲国風土記』に関係するのは二基の横穴式石室、七～八世紀の竪穴住居跡群と掘立柱建物跡群、及び柵列と考えられる溝状遺構で、これらが組み合って一つの集落遺跡となっている（図Ⅶ―1）。竪穴住居跡は壁の一角に自然石と粘土で構築した造りつけの竈をもつもので十九棟が検出された。これらの竪穴住居跡のいくつかからは鉄塊や鍛造剥片、そして製塩土器が出土している。こうしたことから遺跡の極めて近くで砂鉄を原料とした製鉄が行われていたと報告されている*1。

これらの竪穴住居跡群と同時期と考えられる掘立柱建物跡は六棟あり、このうちSB03は二×二間の総柱構造で倉庫と考えられるものである。古代集落における竪穴住居と倉庫との組合せは、門遺跡の上流約三㎞にある森遺跡においても調査されている*2。門遺跡の中で特に注目されるのは三×五間のSB04や二×六間のSB06である。この地方の山間部の一般の集落においてのこれらの建物は、単なる集落跡としての性格のみでは説明しきれないものがあるように思われる。そこで「志津見」という字名を重視しながら『出雲国風土記』の剗との関係を積極的に考えてみることにした。

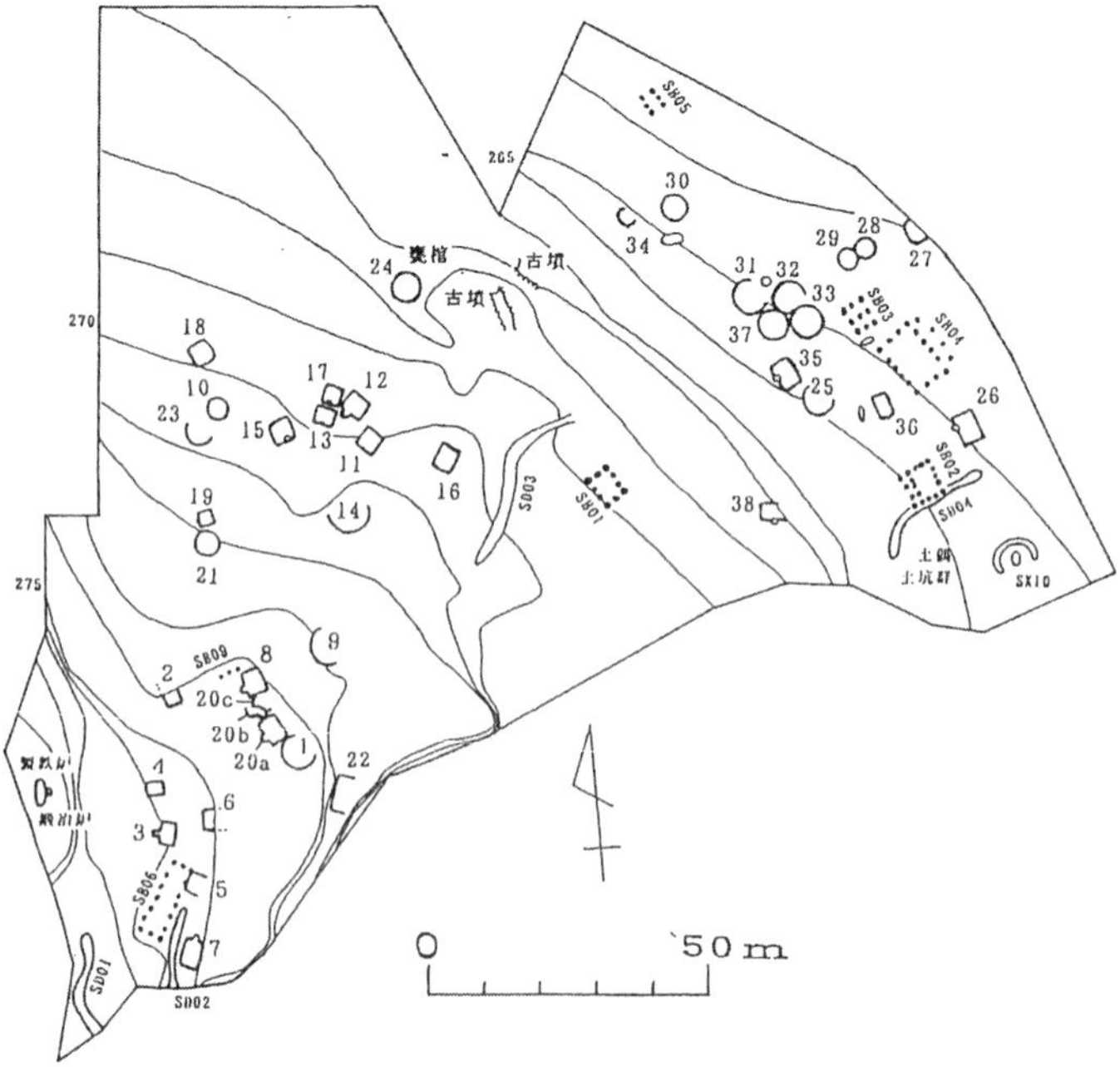

図Ⅶ―１　門遺跡遺構配置図

（2，3，6，8，12, 13, 15, 16, 17, 18, 19, 20a, 20b, 20c, 26, 35, 36, 38, SB01，SB02，SB03，SB04，SB06，SB09，SD04が7～8世紀の遺構）

三　『出雲国風土記』の剗

『出雲国風土記』が記す剗は以下の通りである（①〜⑫は図Ⅶ—3に対応させ、a〜hは『出雲国風土記』の関係条文を比較させた）*3。

意宇郡　②通二國東堺手間剗一卌一里一百八十歩

a自二國東堺一去レ西廿里一百八十歩至二野城橋一長卅丈七尺廣二丈六尺飯梨川又西廿一里至二國廳意宇郡家北十字街一（巻末通道）

嶋根郡　①戸江剗　郡家正東廿里一百八十歩　非レ嶋　陸地濱耳　伯耆郡内夜見嶋将二相向一之間也

神門郡　⑧通二石見國安濃郡堺多伎伎山一卅三里路常有レ剗

b自二（神門）郡家一西卅三里至二國西堺一通二石見国安濃郡一（巻末通道）

⑨通二同安濃郡川相郷一卅六里徑常剗不レ有　但當レ有レ政時一權置耳

飯石郡　⑥通二備後國惠宗郡堺荒鹿坂一卅九里二百歩徑常有レ剗

⑦通二三次郡堺三坂一八十里徑常有レ剗

c自二（飯石）郡家一南八十里至二國南西堺一通二備後国三次郡一（巻末通道）

⑩⑪⑫波多徑・須佐徑・志都美徑以上徑常無レ剗但當ニ有レ政時一權置耳竝
通ニ備後國一也

d須佐川　源出ニ郡家正南六十八里琴引山一北流徑ニ來嶋波多須佐等三郷一
入ニ神門郡門立村一此所レ謂神門川上也有ニ年魚一（飯石郡条）

e波多小川　源出ニ郡家西南廿四里志許斐山一北流入ニ須佐川一有レ鐵（飯石郡条）

仁多郡

③通ニ伯耆國日野郡堺阿志毘縁山一卅五里一百五十歩常有レ剗

f（仁多郡家）東卅五里一百五十歩（堺）（巻末通道）

④通ニ備後國恵宗郡遊記山一卅七里常有レ剗

g（仁多郡家）南卅八里一百廿歩至ニ備後國堺遊記山一（巻末通道）

h遊記山　（仁多）郡家正南卅七里有レ鹽味葛（仁多郡条）

⑤通ニ同恵宗郡堺比市山一五十三里常有レ剗　但當ニ有レ政時一權置耳

これらの記述とその分布から次のような知見が得られる。

1）剗に固有名がみられるのは、意宇郡の手間剗と島根郡の戸江剗である。いずれも現在の島根県側ではなく、つまり古代の伯耆国側に、それぞれ、西伯郡会見町天万、境港市外江町として遺称地がある。

2）剗には国境付近におかれたものと、国内に置かれたものがある。

3）それらは常設のものと、仮説のものがある。

4）国境付近ものには常設・仮説の両者があるが、国内のそれは仮説のもののみである。

5）国内の仮説の剗は、方位や里程の記載がない。

6）仮説のものは出雲国の西部に偏在する。

7）仮説のものは政変が起きた時に設置される。

8）『出雲国風土記』の記す「通道」*4 に置かれたものと、それ以外の道に置かれたものがある。

四　固有名詞のある剗

手間剗は、その推定地が二か所ある。一つは能義郡伯太町安田の「関山《せきやま》」にあてる説である。付近には「関」、「安田関《やすだのせき》」等の地名が残る。加藤義成『出雲国風土記参究』*5

はこれをとる（図Ⅶ―3―2a）。これに対し、旧『島根県史』は、それらの地名は近世の関の遺称だとし、「関山」の南方三㎞あたりにある鳥取県西伯郡西伯町の「猪野小路」を通過して出雲国に入ったとする*6（図Ⅶ―3―2b）。2a説では現在は米子市に上安曇・下安曇として遺称地がある『和名類聚鈔』*7の伯耆国合見郡安曇郷に接していたことになる。2b説では合見郡天萬郷に接することになるので、伯耆国側にある郷名、及び遺称地からすると旧『島根県史』の2b説が有利であろう（天萬＝手間）。

戸江剗は旧『島根県史』は現在の八束郡美保関町森山の「古関《ふるせき》」という小字地名を遺称地とし、前掲の加藤義成『出雲国風土記参究』もこれに従っている。戸江剗は伯耆国の夜見島と対峙するところ、つまり現在の堺水道に面した位置にあった。島根郡家の東方にはこの戸江剗の他に、手染郷、方結郷、美保郷の記載があり、それらいずれも正東の方位となっている。今、風土記の記載をもとにこれらの関係を表すと図Ⅶ―2のようである。

これによると戸江剗は、方結郷に属していたと推定され*8、島根郡家から美保郷に至るルート上にあった。戸江剗がこの位置に設置されたのは、この付近に伯耆国への海上の公道があったからであろう。すなわち、『出雲国風土記』には「粟江埼　相二向夜見

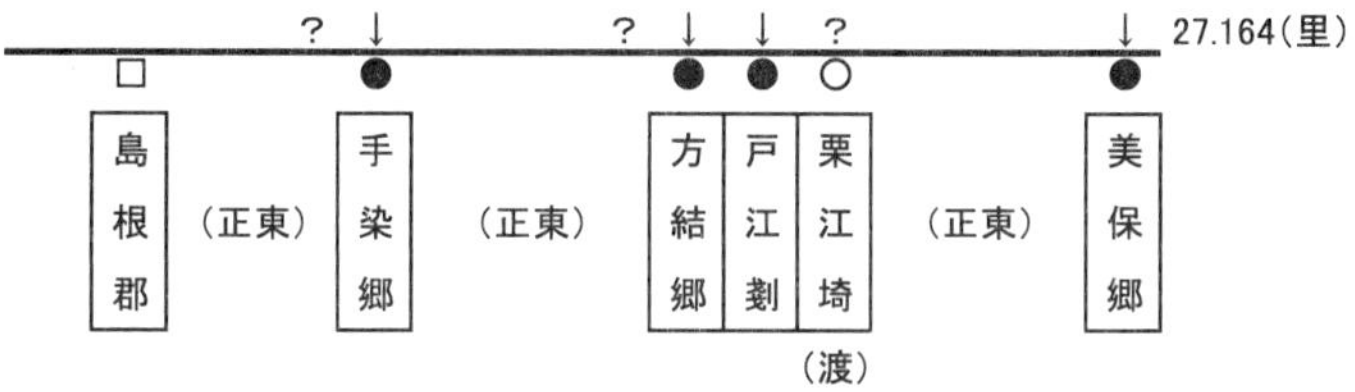

図Ⅶ―2

嶋一　促戸渡二百一十六歩　埼之西入海堺也」として、戸江剗と同様に伯耆国夜見島に対峙する位置に「促戸渡」があったことを記している。栗江埼は戸江剗に隣接した美保関町森山地内とされる[*9]。この栗江埼の促戸渡は、伯耆国から海上の公道の入り口にあたり、島根郡家と美保郷を結ぶルートと三叉路をなしていた。戸江剗はこの渡を意識したものであったろう[*10]。

五　固有名詞のない剗

何故、『出雲国風土記』に固有名詞のつけられた剗と、そうでない剗が記されているのかは不明であるが、固有名詞のない剗には、郡家から剗までの方位と距離の他に、国境に「道標」ともいうべき記述がある。すなわち、石見国堺の多伎伎山⑧、備後国堺の荒鹿坂⑥、同三坂⑦、同遊記山④、同比市山⑤、伯耆国堺の阿志毘縁山③である。そのうち、④の遊記山は現在の広島県比婆郡西城町油木、③の阿志毘縁山は鳥取県日野郡日南町阿毘縁がその遺称地である。さらに『芸藩通志』は⑦の三坂は「三次郡上布野」に地名があり、⑥の荒鹿坂は「恵蘇郡上里原村赤の谷」が遺称だとする*11。これらは風土記編纂にあたり隣国の地名を固有名詞に採用した手間剗や戸江剗と同じ意識があったことを連想させる。

一般的に「関」は国境付近に設置されたと考えられる*12。しかし、⑩波多徑・⑪須佐徑・⑫志都美徑は、出雲国内に遺称地があり、それぞれ別個の備後国への三つのルートが存在したとは考えにくい。波多徑は飯石郡波多郷内の徑であり、波多小川に沿うてあった。加藤義成『出雲風土記参究』の推定する*13 10 a の他に、一応10 b を推定しておく。

また、国境の剗と巻末の「通道」の記載を比較すると、②とa、⑧とb、⑦とc、③とeにおいてその里程が一致するので、これらの「通道」にあったことが知られる。しかし、④とgのように、両方の記載に「遊記山」が記されているにもかかわらず、里程のあわない場合もある。但し、hの遊記山の条の里程は④と符号するので、誤写でないかぎり、遊記山の付近に通道とは別の剗に通ずるルートがあったかもしれない。

このようにみると、常設の剗は、『出雲国風土記』の「通道」、つまり駅路を含めた公道と関係し、それらの国境に設置されたことが知られる。

六　仮設の剗の機能

それでは、常設の剗と仮設の剗とはどのような関係であったのか。『出雲国風土記』が「當㆓有㆑政時㆒權置耳」とする仮設の剗についてもう少し検討を加えることにしたい。これまで『出雲国風土記』の剗について具体的に言及したものには館野和巳氏の一連の研究がある。館野氏には軍防令に引く「堺界之上、臨時置㆑関応㆓守固㆒皆是也」というのが『出雲国風土記』の「當㆓有㆑政時㆒權置耳」にあたるとされた*[14]。本稿もこれに従うものであるが、既に述べたように仮設の剗には国境にある場合と国内にある場合がある。

そこで先ず注目したいのは、神門郡の石見国堺の常設と仮設剗（⑧・⑨）である（図Ⅶ—3）。両者はその距離の差わずかに三里という接近した位置関係にある。これは常設の剗が、古代山陰道に、仮設のものは民衆が日常使用していた生活道路に設置されたことを示している*15。

　ところで、令解集に引く職員令大國条には、「釋云。剗柵也。名例律云。剗謂㆓塹柵之所㆒。關左右小關。亦可㆑云㆑剗也。」とある*16。三関の一つである「不破関」では、関本体を「大関」、その北方にある近世の北国街道にあたる路に「小関」という地名が残っており、「大関」と「小関」がセットとなり本道と脇道を固関するという機能を果たしていたことが指摘されている*17。神門郡に限らず、『出雲国風土記』の国境における常設と仮設の剗はこの「大関」と「小関」の関係にあたるであろう。国内の波多徑⑩・須佐徑⑪・志都美徑⑫の仮設の剗である⑥に対する⑩・⑪、また、⑦に対する⑫となっている。これは国境の常設の剗に対する後方支援的な剗であったと推定され、ここでも「大関」と「小関」という機能が考えられる。『出雲国風土記』がこれらの三剗について「竝通㆓備後國㆒也」としている背景をこのように理解しておきたい。

　とすれば、国内の仮設の三剗が遺跡として明確にその遺構を残しているとは考えにくく、それも「政」に応じて臨機応変にその設置場所が決定されたことも考えられよう。すなわち、国内の仮設の剗は、国境のように郡家からの方位・里程を記すことの出来る定まった所にあるではなく、国境の仮設の剗よりもさらに仮設の施設であったのである。

門遺跡はそうした遺跡としては相当しい遺構のように思える。従って前掲の森遺跡[18]もある時期の「志都美剗」であった可能性もあろう。

七　「政」と仮設の剗

『出雲国風土記』の記す「政」が具体的に何かを示しているのか不明であるが、国内の仮設の剗のある波多径・須佐径・志都美径は、北上して一つになり、神門郡家や出雲郡家に向かっている。このルートが政変時において特に重要視されていたことが考えられる。

さらに、国境・国内の仮設の剗が出雲の西部に偏在することを、東接する伯耆国との関係でそうなっている可能性を想定出来るかもしれない。すなわち、伯耆国においてもその西側に仮設の剗が偏在していたと。あるいはこれを『出雲国風土記』編纂前年の天平四年（七三二）の山陰道節度使の使命と関連させることも出来るかも知れない[19]。しかしいずれも、国内の、それも生活道路に偏在して剗が設置されることの納得出来る説明にはなってはいない[20]。勿論、ここでも結論を出すことは出来ないが、おそらく

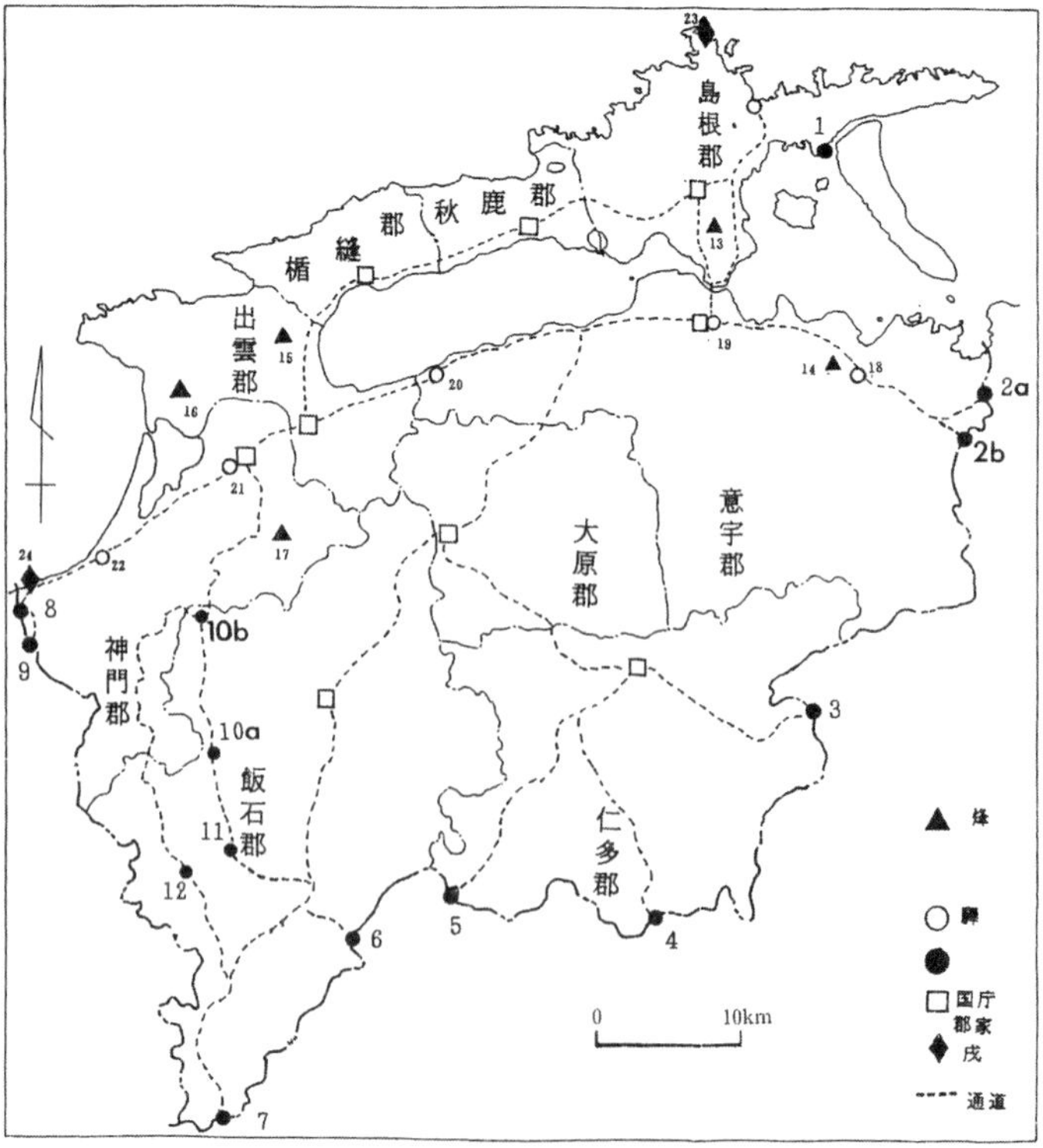

図Ⅶ―3 『出雲国風土記』関係図
（1 戸江剗，2 手間剗，3・4・5・6・7・8常剗，5・9・10・11・12權剗，13布自枳美烽，14暑垣烽，15多夫志烽、16馬見烽、17土椋烽，18野城驛，19黒田驛，20宍道驛，21狹結驛，22多伎驛，23瀬埼戍，24宅枳戍）

このことは出雲国固有の特殊事情があったのであろう。例えば、これらのルートの行き着くところには杵築大社＝出雲大社があり、崇神紀六十年の吉備津彦・武渟河別を遣わして出雲を平定せしめたルート*21の可能性があることも想定されるのである。

門遺跡を積極的に剗と関連させれば、弥生時代以降、七世紀代になって突如として集落が形成されるのは、単に鉄の需要のみではなく、剗を意識した計画的な集落でもあったと理解できよう。令義解関市令弓箭条に、「凡弓箭兵器。並不レ得下與二諸蕃一市易上。其東辺北辺。不レ得レ置二鉄冶一」とあり、令義解同条所引の穴記が「禁レ置二鐵冶一者。不レ合レ知二作レ鐵之術一耳。全物推可レ知耳。」として、外国のとの交易・北辺において鉄の技術の流失を禁じている*22。このことから、東辺・北辺以外の関には鉄の精錬や鍛冶施設が伴っていたとも受け取れ、門遺跡の性格を考えるのに示唆的である。

注

＊1　内田律雄・宮本正保　一九九三「奥出雲の製鉄遺跡―志津見ダム建設予定地内の調査―」『島根県埋蔵文化財調査センターニューズ六号』島根県埋蔵文化財調査センター

＊2　柳浦俊一　一九九四「森遺跡」『志津見ダム建設予定地内埋蔵文化財調査報告書2』島根県

教育委員会

＊3　風土記の引用は、全て秋本吉郎校注『風土記』日本古典文学大系による。

＊4　『出雲国風土記』では「通道」は駅路と伝路を兼ねた表記と考えられる。内田律雄　一九九三「いわゆる『朝酌促戸渡』と熊野大神―」『古代出雲史研究』第三号

＊5　加藤義成　一九六二『出雲国風土記参究』原書房

＊6　野津佐馬之助　一九二五『島根県史』

＊7　池邊彌　一九八一『和名類聚抄郡郷里駅名考證』吉川弘文館

＊8　戸江剗が方結郷に属していたという推定は、関和彦氏のご教示による。

＊9　＊4に同じ。

＊10　永田公夫・内田律雄　一九九四「『出雲国風土記』戸江剗の推定値」『出雲古代史研究』第四号　出雲古代史研究会

＊11　谷重豊季　一九九三「『出雲国風土記』の道路―おもに駅路以外の道路の概観―」『出雲古代史研究』第三号　出雲古代史研究会

＊12　館野和巳　一九八四「日本古代の交通政策―本貫地主義をめぐって―」『日本政治社会史研究（中）』岸寿男教授退官記念会編

＊13　＊4に同じ。

＊14　館野和巳　一九八〇「律令制下の交通と人民支配」『日本史研究』二一一

＊15　仁多郡の場合は二つの常設の剗と、一つの仮設の剗が記されている。このうち④と⑤が「大

関・小関」の関係にあったと考えられるがやや距離が離れている。しかし仮設の剗である⑤の比市山は未だその比定がなされていない。ここではとりあえずは通説に従っておく。

＊16　『令集解』国史大系一九九〇　吉川弘文館
＊17　野村忠夫　一九九五『奈良朝の政治と藤原氏』　吉川弘文館
＊18　＊2に同じ。
＊19　田中卓　一九五三「出雲国風土記の成立」『出雲国風土記の研究』　出雲大社御遷宮奉賛会
＊20　坂本太郎　一九六八「出雲国風土記についての二、三の問題」『出雲神道の研究』（後に『坂本太郎著作集』第四巻一九八八に所収）
＊21　門脇禎二　一九七六『出雲の古代史』　ＮＨＫブックス
＊22　『令義解』国史大系（一九九〇）　吉川弘文館

（「『出雲国風土記』志都美剗の推定地の調査」『古代交通研究』第四号　古代交通研究会一九九五）

Ⅷ 仁多郡

伝路沿いの集落

一　はじめに

ここに『出雲国風土記』仁多郡条布勢郷を検討するのは、布勢郷を構成していたと考えられる集落遺跡が発見されたことによる。残念ながら発掘調査によるものでなく、遺構は不明であるが、まず、関係する遺物から紹介することにしたい。

紹介する遺物は仁多郡仁多町八代の長福寺遺跡（図Ⅷ—1—8）において採集されたものである。昭和六十年代に、遺跡周辺が区画整理された折に、当時の布勢小学校生徒によって遺物の散布が確認され、ダンボール箱一箱分の採集が行われた。その遺物は布勢小学校に保管してあったが、校舎の新築後その所在が不明となってしまった。筆者は遺物採集された後に布勢小学校において実見する機会を得て、この遺物のなかから任意に選んで図化した*1。

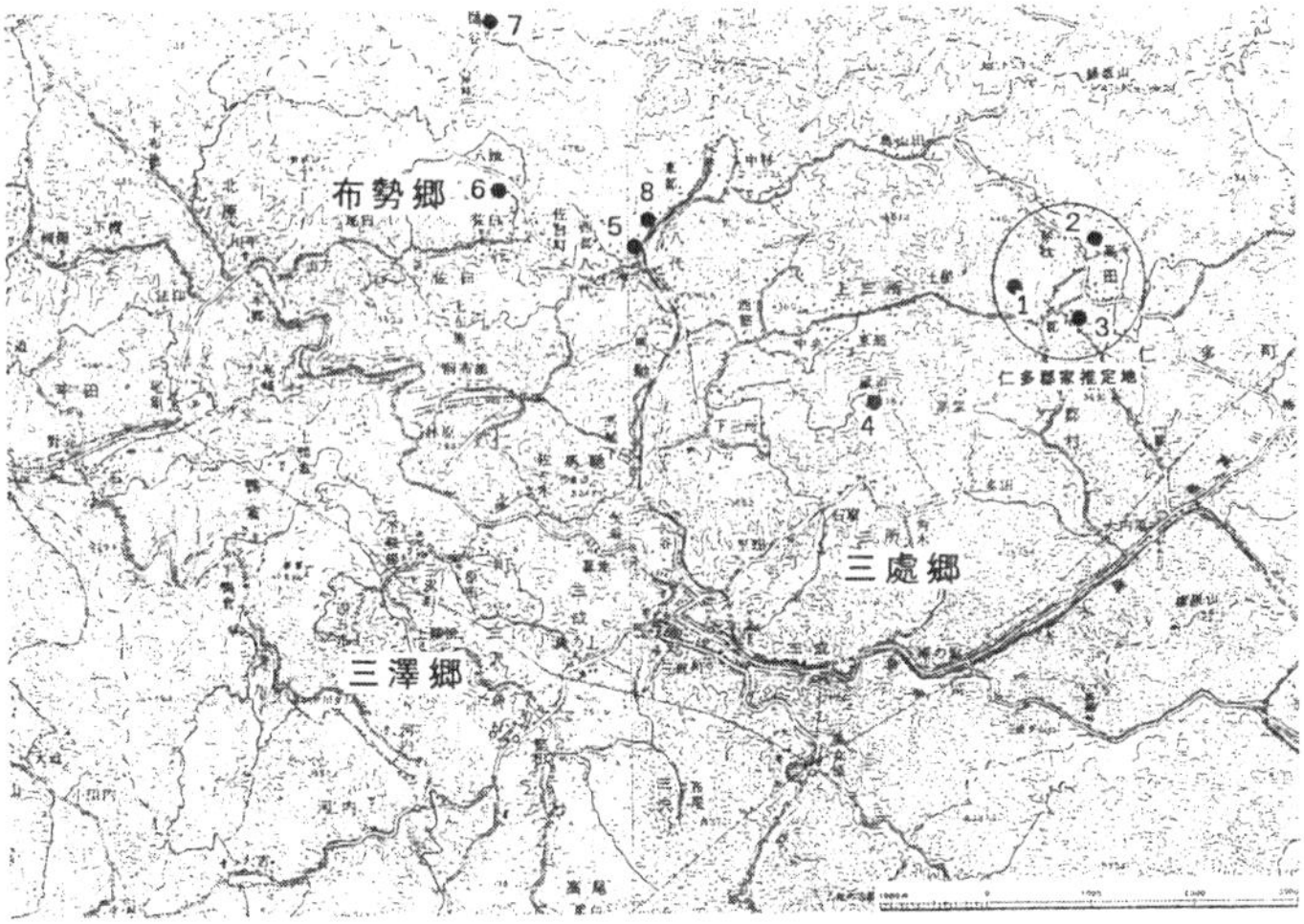

図Ⅷ—１　『出雲国風土記』関係図
（１：カネツキ免遺跡，２：高田廃寺，３：大領神社，４：菅火野及び須我非社，５：仰支斯里社，６：伊我多氣社，７：辛谷，８：長福寺遺跡）

二　遺物の概要

図化した遺物は四十点で、須恵器、土師器、木製品、石製品がある。（図Ⅷ—2・3・4）。

須恵器は蓋（1～11）、坏（12～25）、高坏（26・27）、甕（28～30）がある。その多くは七～八世紀代のものであるが、古墳時代のものもある。（5・27）墨書須恵器は1の蓋が外面中央部と、12の高台付坏外面底部で、それぞれ、「廣」、「大」と読める。また、1と6は蓋の内面に摩滅痕があり、転用硯として使用されている。20は口縁部

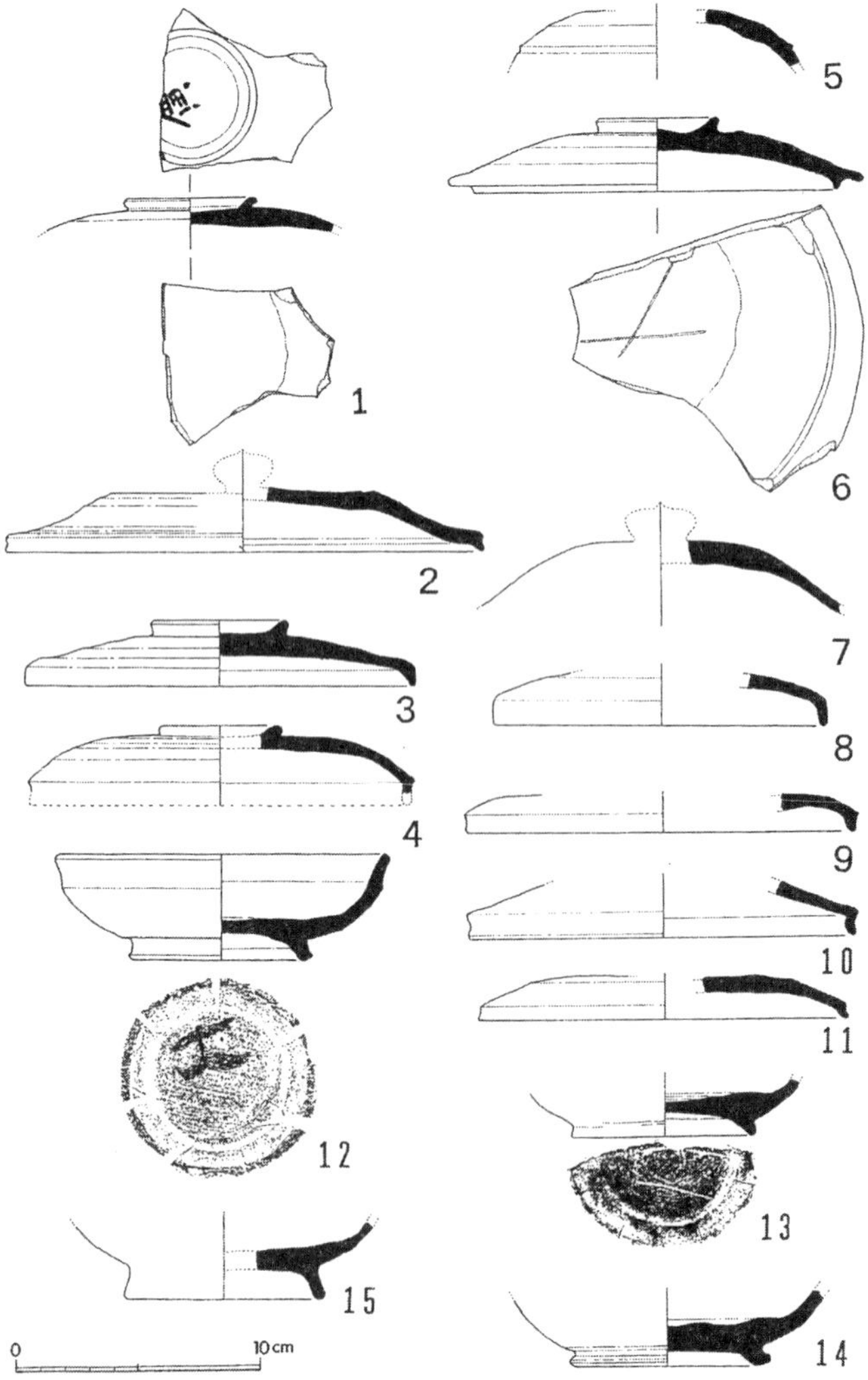

図Ⅶ－２　長福寺遺跡出土遺物(1)

に黒色付着物があり、灯明皿であろう。土師器の坏31～34は赤色顔料を全体に塗布しており、32と33は暗文がある。35・36は甕である。木製品（37～39）は三点あり、39は曲物である。40は砥石である。

墨書須恵器の文字の意味は不明であるが、「廣」は「廣島」「廣足」「廣麿」などの人名が考えられる。墨書土器と転用硯、灯明皿を併せて考えれば、長福寺遺跡は文字を必要とする人のいた集落の一部であったと見做されよう。

三　『出雲国風土記』との関係

この長福寺遺跡のある八代は、『出雲国風土記』仁多郡布勢郷に含まれると考えられる。風土記の記載は次のようである*2。

布勢郷　郡家正西《まにし》一十里なり。古老《ふるきおきな》の傳へていへらく、「大神の命の宿《ふせ》りましし處なり。故《かれ》、布世《ふせ》といふ。神亀三年、字を布勢と改む。

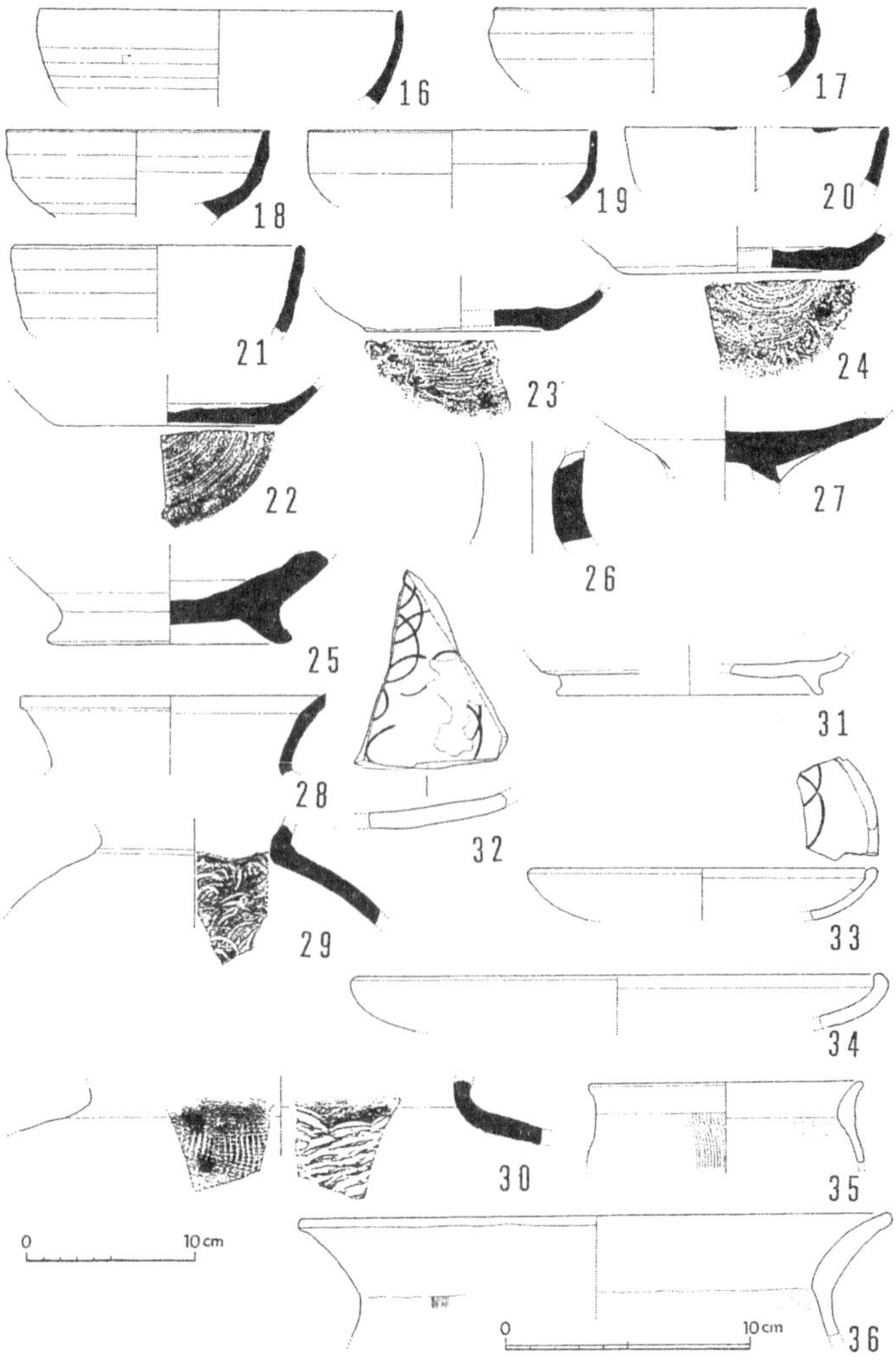

図Ⅶ—３　長福寺遺跡出土遺物(2)

仁多郡家は現在仁多町郡村の郡がその遺称地で、付近には、多足円面硯や墨書須恵器（大、小、上備、伴）や盞などを出土した郡家関連遺跡であるカネツキ免遺跡*3（図Ⅷ―1の1）、高田廃寺（同―2）、大領神社（同―3）が存在する。この仁多郡家推定地から、風土記記載の布勢郷までの「正西一十里」（約五・四㎞）を、郡―土屋―西部―八代という道筋に沿うて測ると、長福寺遺跡はその方位里程に収まってくる。この郡家からの方位里程が関和彦が想定する「郷家」の位置を示すものならば*4、長福寺遺跡は「布勢郷家」とするに十分な条件を備えた遺跡であるといえよう。

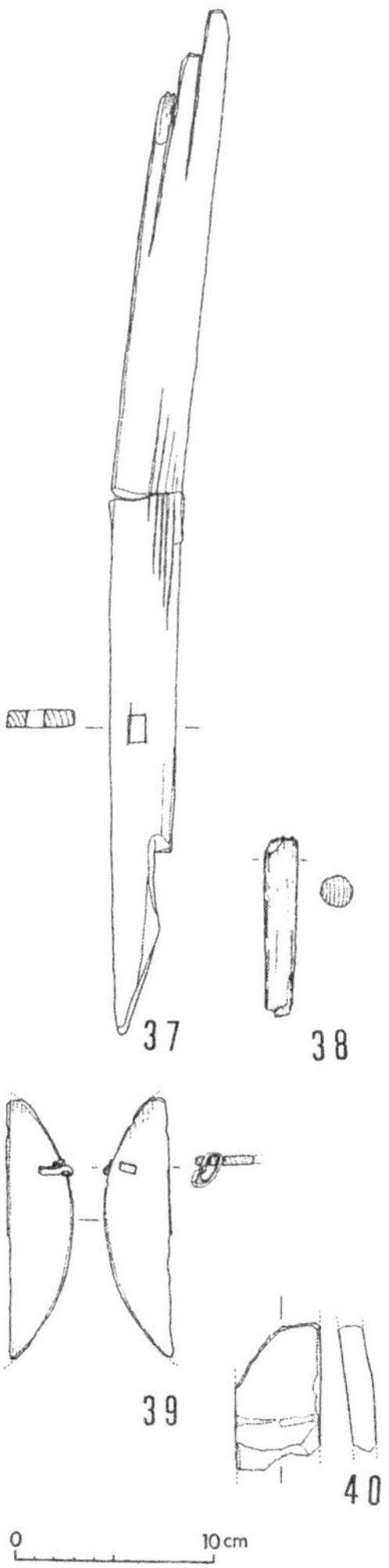

図Ⅶ―４　長福寺遺跡出土遺物(3)

布勢郷については、天和三年（一六八三）編纂された『出雲風土記抄』*5が、上布勢、下布勢、前布勢、佐白、八代、中村をあわせた範囲としている。近現代の研究者もこれに従っているが、ほぼ妥当な見解であろう*6。とすれば神社については*7、仁多郡の風土記記載社十社のうち、伊賀多氣社（在神祇官）と仰支斯里社（不在神祇官）が布勢郷内にあったことになる。さらに『出雲国風土記』によれば、布勢郷には三つの「里《こざと》」があったが、その「里」名は今のところ明らかでない。

また、この布勢郷には、仁多郡家と大原郡家を結ぶいわゆる「伝路」が通っていた。仁多郡条末には、

大原の郡の堺なる辛谷《ひのたに》の村に通るは、一十六里二百卅六歩なり。

とあり、大原郡条末には、

仁多の郡の堺なる辛谷の村に通るは、廾三里一百八十二歩なり。

とある。これらが郡家と郡家を結ぶ「伝路」であることは、巻末の通道に、大原郡家から東南の道が、

東南道は、郡家より去ること卅三里一百八十二歩にして、郡の東南の堺に至る。又、東南のかたに去ること一十六里二百卅六歩にして、仁多の郡家（なる比比里の村）に至り、

とあることによっても知られる。「辛谷村」は「樋ノ谷《ひのたに》」として現在も大原郡と仁多郡の堺に遺称地があるが、現在の行政区分では大原郡に入っている。『出雲国風土記』ではこの「辛谷村」が大原・仁多両郡に跨った村であるようにもうけとれるが、実際には、仁多郡の八頭（八頭峠）が郡堺であった可能性がある。おそらく、郡堺の仁多郡側には村はなく、当時から大原郡内に「辛谷村」はあったであろう。仁多郡から見た郡堺に大原郡内の「辛谷村」が記載されるのは、他に道標となるものがなかったからであろう。

四　布勢郷の地名起源伝承

『出雲国風土記』は郡郷名の起源伝承でそのほとんどが占められており、その中心には大穴持命がいる[*8]。その中でも、仁多郡は郡名を大穴持命が自ら命名し、三處郷、布勢郷、三澤郷、横田郷の四郷のうち、横田郷を除く三郷までも関係して登場する。

布勢郷は、大神である大穴持命が「宿りまし」たところであるから「フセ」という内容となっている。その大穴持命は、何故「宿りまし」たのかは明らかではない。享保二年（一七一七）編纂の『雲陽誌』[*9]は、「大己貴命を葦原の色許男と號するの時、木國の大屋日女神の處より八十神に随て此國に來座す時、須佐能袁命御女須勢理昆賣命出見て自会て相婚す、其父出見て葦原の色許男即喚入て寝しめよ、其所は布施の郷なるや」として、『古事記』のなかにその理由を求めている。

また、『仁多郡誌』は明治四十年に伊賀武神社（風土記の伊賀多氣社）の境内社となった岩船神社の「元岩伏山頂にあり、大巳貴命を祭る。古老傳に大神阿井に座す玉姫命を慕へ此処にふせり給うの由緒ありと云ふ。」という社伝をとりあげている[*10]。これは『出雲国風土記』仁多郡条戀山に、

戀山《したひやま》　郡家の正南《まみなみ》一十三里なり。古老の傳へていへらく、和爾《わに》、阿伊《あい》の村に座《いま》す神、玉日女命を戀《した》ひて上《のぼ》り到《いた》りき。その時、玉日女命、石を以《も》ちて川を塞《さ》へましければ、え會《あ》はずして戀《した》へりき。故、戀山といふ。

という戀山の伝承の知識のもとに作られたものと考えられる。おそらく近世に遡る伝承であろう。

近世において、大穴持命が何ゆえに布勢郷に「宿りまし」たのかを、松江藩でも、地元の仁多郡でも、古典に求めようとしていたことが知られる。今、『雲陽誌』や『仁多郡誌』にならぶ対案を持ちあわせていない。しかし敢えて憶測すれば、次のようなことが考えられよう。

すなわち、大穴持命は『出雲国風土記』出雲郡条出雲御埼山ではその麓に社があると記されている。一方、仁多郡条御坂山は、

御坂山　郡家に西南のかた五十三里なり。即ち、此の山に神の御門《みと》あり。故、御坂《みさか》

といふ。備後と出雲との堺なり。鹽味葛《えびかづら》あり。

とある。この神の門を、出雲と備後を通過する大穴持命の門とするならば、斐伊川沿いにルートがあり、その通過途中に大穴持命が宿る場所が布勢郷であると風土記編纂者には意識されていたと考えることはできないであろうか。

五　大穴持命と仁多郡の生業

ところで、仁多郡は神門郡とともに大穴持命の伝承の濃いところである。そしてそれは農耕開発に深く関係した伝承となっている。まず、郡名起源で、「是はにたしき小国なり。」として水田開発に適した土地であると言い、三處郷では、「此の地の田好し。」と云い、三澤郷では稲を食べない村があることを、いずれも、大穴持命との関係する伝承として語られている。さらに、大穴持命は出てこないが、横田郷では、形のよい田が四段ほどあることが郷名起源となっており、田や稲の関係する記載が多い。

一方、横田郷の割注というかたちではあるが、「以上の諸郷（三處郷、布勢郷、三澤郷、横田郷の各郷：筆者注）より出すところの鐵堅くして、尤も雑の具を作るに堪ふ。」として、仁多郡で鉄が産出され、それを原料とした様々な鉄製品を造るのに適しているとしている。鉄製品の中には、鋤鍬といった農耕具類が含まれるのであり、そのことと、仁多郡における大穴持命の農耕伝承は不可分の関係にある。大穴持命は意宇郡条出雲神戸では、「五百《いほ》つ鉏の鉏猶《すそなほ》取り取らして天の下造《つく》らしし大穴持命」という修飾語がつけられている農耕神であった。この鉏とは鉄製でなければならないだろう。

このように、仁多郡は鉄製農耕具による開発が、大穴持命の伝承と深く結びついていたと考えられる。布勢郷も他郷と同様に開発されていったと思われる。

注

＊1　図化しなかったもののなかには、中世の遺物も若干含まれていたように記憶している。また、一部の遺物の図化にあたっては勝部昭氏のご協力を得た。

＊2　『日本古典文学大系』三　以下、風土記の引用は基本的にこれによる。

＊3　蓮岡法暲、西尾克己　一九八五「仁多・カネツキ免遺跡」『島根県埋蔵文化財調査報告書第Ⅺ集』島根県教育委員会

＊4　関　和彦　一九九四『日本古代社会生活史の研究』校倉書房

＊5　岸崎佐久次　一六八三『出雲風土記抄』
＊6　後藤蔵四郎　一九一八『出雲国風土記考證』
＊7　加藤義成　一九六二『出雲国風土記研究』　原書房
＊8　内田律雄　一九九八『出雲国造の祭祀とその世界』大社文化事業団
＊9　黒沢長尚　一七一七『雲陽誌』　大日本地誌大系二七　雄山閣　一九七一
＊10　『仁多郡誌』　一九一九

（「『出雲国風土記』仁多郡布勢郷」『風土記論叢』第四号　出雲国風土記研究会一九九九）

Ⅷ　仁多郡

三澤池を訪ねて

一　はじめに

古代における出雲国造は、天皇や出雲国造自身の代替わり、遷都などにあたり上京し神壽詞（以下、本文中は神賀詞とする）を奏上することになっていた。その式次第は『延喜式』に詳述されている。奏上にあたっては地元の出雲国で行われる準備・祭儀もあった。その様子は『出雲国風土記』によって垣間見ることができる。ここでは出雲国造の神賀詞奏上にあたり地元で行われたであろう祭儀を復元するとともに、その上京ルートにもあたり、祭儀に重要な役割を果たしていたと推定される仁多郡三澤郷の「三澤」の比定地を新たに提唱し、意義を考えてみたい。

『出雲国風土記』にみえる出雲国造の神賀詞奏上に関する記述は、意宇郡条忌部神戸と仁多郡条三澤郷にある。後者は現在の仁多郡奥出雲町横田町にあたる。この『出雲国風土記』を検討するにあたっては秋本吉郎一九九〇（初版一九五八）「風土記」『日本古典文学大系二』（岩波書店）の校訂に基づくこととする。

二　忌部神戸の検討

忌部神戸は現在の松江市玉湯町〜忌部町を中心とする地域で、古墳時代以降の玉作遺跡が集中している。玉湯町花仙山は『出雲国風土記』には玉作山と記され、玉作の原石の碧玉や緑色凝灰岩の原産地として知られている。以下は『出雲国風土記』意宇郡条忌部神戸の記載である。

忌部神戸　郡家正西卅一里二百六十歩　國造神吉詞望　參二向朝廷一時　御沐之忌里　故云二忌部一　即川邊出レ湯　出湯所レ在　兼二海陸一　仍男女老少　或道路駱驛或海中沿レ洲　日集成レ市　繽紛燕樂　一濯則形容端正　再沐則萬病悉除　自レ古至レ今　無レ不レ得レ驗　故俗人曰二神湯一也

（忌部《いむべ》の神戸《かみべ》　郡家《こほりのみやけ》の正西《まにし》卅一里二百六十歩なり。國造《くにのみやつこ》、神吉詞《かむよごと》望《ほが》ひに、朝廷《みかど》に參向《まゐむか》ふ時、御沐《みそぎ》の忌《いみ》の里《さと》なり。故《かれ》、忌部《いむべ》といふ。即《すなは》ち、川の邊《へ》に湯《ゆ》出づ。出湯《いでゆ》の

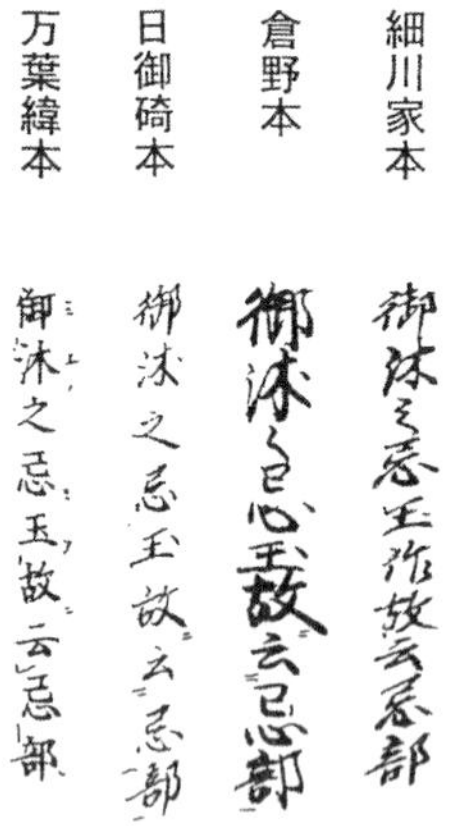

細川家本
倉野本
日御碕本
万葉緯本

御沐之忌玉作故云忌部
御沐之忌玉故云忌部
御沐之忌玉故云忌部
御沐之忌玉故云忌部

図Ⅷ—5　諸本の比較(1)

在るところ、海陸を兼ねたり。仍りて、男も女も、老いたるも少きも、或は道路に駱驛り、或は海中を洲に沿ひて、日に集ひて市を成し、繽紛ひて、燕樂す。一たび濯げば、形容端正しく、再び沐すれば、萬の病悉に除ゆ。古より今に至るまで驗を得ずといふことなし。故、俗人、神の湯といふ。）

　ここでは、忌部神戸の地名起源を説明した前段と、即ち以下の後段に内容が分かれる。

　最も問題になっているのは、前段の「御沐之忌里（御沐の忌の里なり）」の部分である。古写本では「里」は「玉」となっているからである（図Ⅷ—5）。秋本が「玉」

206

を「里」と校訂したのは、細川家本が発見される前であり、「玉」では御沐が出来ないと考えたからであろう。「里」と校訂すれば、「即ち」以下の後段において、温泉が「神湯」と呼ばれており、あたかも出雲国造がその「神湯」でもって「御沐」をしたように理解できるからである。しかし、忌部神戸の地名起源説話は、既に「即ち」の前に完結している。ここでの「即ち」は全く無関係な事柄を結ぶ接続詞としての用法となっており、前段のみが地名起源説話、後段はその郷・神戸に特徴的な民俗・伝承を記載しているのである。古写本の中では細川家本が「御沐之忌玉作」となっている。写本の段階において細川家本が「作」を加筆した可能性もあろうが、ここのところは後段との関係においても「御沐の忌玉を作る」としてよいだろう。

古代における玉作は、六世紀を過ぎたころから律令期に至るまで、出雲の忌部神戸の地で集中して行われるようになることが考古学の立場から指摘されている。『古語拾遺』における「櫛明玉命が孫は、御祈玉（古語に、美保伎玉という。言うこころは祈なり。）を造る。其の裔、今出雲国に在り。年毎に調物と共に其の玉を貢進る。」や『延喜式』臨時祭の「凡そ出雲国の進る御富岐の玉六十連（三時、大殿祭料三十六連。臨時、二十四連。）毎年十月以前、意宇郡神戸玉作氏をして備えしむ。使を差して進る。」とあるのは、忌部氏に統括された出雲玉作工人の律令期の状況をあらわしており、忌部神戸の説話の内容にも符合する。つまり、出雲国造は臨時祭である神賀詞奏上にあたり御沐をするのであるが、それにはまず忌部神戸で製作した玉類が必要であった*1。

三　三澤郷

三澤郷は現在の仁多郡奥出雲横田町にあたる。仁多郡には三處郷、布施郷、三澤郷、横田郷の四郷があった。『出雲国風土記』では、大穴持命の伝承が多い郡であり、いずれの郷からも鉄が産出すると伝えている。以下は『出雲国風土記』仁多郡条三澤郷の記述である。

三澤郷　郡家西南廾五里　大神大穴持命御子、阿遲須枳高日子命、御須鬚八握于レ
生　晝夜哭坐之　辭不レ通　爾時　御祖命　御子乗レ船而　率二巡八十嶋一　宇良加
志給鞆　猶不レ止レ哭之　大神　夢願給　告二御子之哭由一　夢爾願坐　則夜夢二見坐
之　御子辭通一　則寤問給　爾時　御澤申　爾時　何處然云問給　即御祖前　立去

出坐而石川度　坂上至留　申二是處也一　爾時　其澤水活出而　御身沐浴坐　故國造神吉事奏　參二向朝廷一時　其水活出而　用初也　依レ此　今産婦　彼村稻不レ食
若有二食者一　所レ生子已不レ云也　故云二三澤一　即有二正倉一

(三澤《みさは》の郷《さと》　郡家の西南《ひつじさる》のかた卄五里なり。大神大穴持命《おおなもちのみこと》の御子《みこ》、阿遲須枳高日子《あぢすきたかひこの》命《みこと》、御須鬚八握《みひげやつか》に生《お》ふるまで、夜晝哭《よるひるな》きまして、み辭通《ことかよ》はざりき。その時、御祖《みおや》の命、御子を船に乘せて、八十嶋《やそしま》を率《ゐ》て巡《めぐ》りてうらがし給へども、猶《なお》哭き止《や》みまさざりき。大神、夢《いめ》に願《ね》き給ひしく、「御子の哭く由《よし》を告《の》らせ」と夢に願ぎませば、その夜《よ》、御子み辭通《ことかよ》ふと夢見ましき。則《すなは》ち、寤《さ》めて問ひ給へば、その時、「御澤《みさは》」と申《まを》したまひき。その時「何處《いづく》を然《しか》いふ」と問ひ給へば、即ち、御祖《みおや》の前《まへ》を立《た》ち去り出でまして、石川を度《わた》り、坂の上に至り留《とど》まり、「是處《ここ》ぞ」と申《まを》したまひき。その時、其の澤《さは》の水活《なが》れ出でて、御身沐浴《みみかはあ》みましき。故《かれ》、國造、神吉事奏《かむよごとまを》しに朝廷《みかど》に參向《まゐむか》ふ時、其の水活《なが》れ出でて、用《もち》ゐ初《そ》むるなり。此《これ》に依《よ》りて、今も産《はら》める婦《をみな》は、彼《そ》の村の稻を食《くら》はず、若《も》し食《くら》ふ者あらば、生《うま》るる子已《すで》に云《ものい》はざるなり。故《かれ》、三澤《みさは》といふ。即《すなは》ち正倉《みやけ》あり。)

ここでは、まず、説話の最後の「即ち正倉あり」以前が、一貫して三澤郷の起源を説明する内容になっていることが注意される。これは、地名起源としては、意宇郡の地名起源説話である、いわゆる国引詞章の次に長い説話となっており、『出雲国風土記』の総編集者でもある出雲国造にとって重要視されていたことがうかがわれる。秋本の校訂にしたがって意訳しながら内容を確認しておこう。

大穴持命の御子である阿遅須枳高日子命は大人になるまで泣きじゃくってばかりいて、言葉がしゃべれなかった。困った大穴持命は御子を船に乗せて、あちこちつれていき楽しませるようにしたがちっとも泣きやむことはなかった。そこで大穴持命は「御子がどうして泣きやまないのか」という夢占いをしたところ、御子がしゃべれるようになった夢を見た。朝に目覚めて御子に尋ねると、「御澤」と答えた。さらに「そこは何所か」と尋ねると、御子は出かけて行って、石川を渡り、坂の上に至って止まり「ここだ」と答えた。すると澤の水が湧き出て、御子が沐浴した。それで出雲国造は神賀詞を奏上しに上京するときに、御沐にはこの御澤の水を使う。今でも妊婦はここの村でできた稲を食べない。もし妊婦が食べたなら、言葉のしゃべれない子供が生まれる。それで御澤と

Ⅷ　仁多郡

いう。即ち、この郷には正倉がある。

　古写本を比較するといくつかの細かな相違はあるが、問題となるのは文末近くの、「所生子巳不云也」(生るる子巳に云はざるなり)」である(図Ⅷ―6)。古写本のうち、細川家本、倉野本は「所生千巳云也」となっており「不」がないが、「千巳」は「子巳」となっている。これらを参考にしながら近世に校訂したと推定される万葉緯本が、「所生子巳不云也」としていて、これまで多くの先学もこれ

細川家本　今産婦彼村稻不食若有食者所生千巳云也

倉野本　今産婦彼村稻不食若有食者所生千巳云也

日御碕本　今産婦彼村稻不食若有食者所生千巳云也

万葉緯本　今産婦彼村稻不食若有食者所生千巳不云也

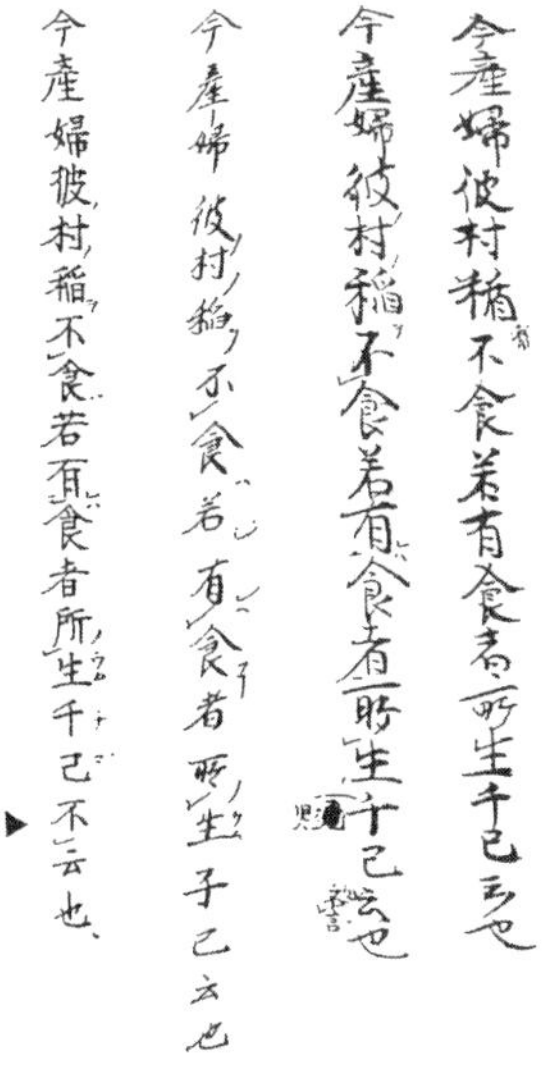

図Ⅷ―6　諸本の比較(2)

を採用してきた。ただ、倉野憲司は、「物の言へなかった御子が、物を言へるようになつた所であるから、産婦がその村の稲を食ふと生まれる子は己に物を言ふ、即ち生まれながらに物を言ふと原文通りに解するのは無稽であらうか。」とし、「生まれた當初から物を言ふことを不吉としたのではあるまいか。」としている（倉野一九五三）。
この優れた解釈は、近年、荻原千鶴に継承され（荻原一九九九）、さらに関和彦も「より古い写本に従うならば、細川家本や倉野本のままに「所生千己云也」とすべきであろう。」としている（関二〇〇一）
ここで改めて三澤郷の伝承にみえる妊婦がこの村の稲を食べない意味を考えてみよう。この村の稲とは、「御澤」から流れ出た水で栽培された稲である。それは御澤の水に、言葉をしゃべらないはずの生まれたばかりの子供＝稚児が、言葉を話すようになるくらい成熟してしまうほどの生命力を得る霊力があると考えられていたのである。出雲国造が神賀詞奏上において天皇の弥栄を祝うべく霊力を得るのにこれだけ適した「御井」はあるまい*2。したがって、そのような効力のある「御澤」の水で育った稲を妊婦が食べれば、胎児にも影響を与え、言葉を話す稚児が生まれるのである。そのような霊力のある村の水源地の水だからこそ大人になるまで話ができなかった阿遲須枳高日子が初めて「御澤」と云ったのである*3。

それでは出雲国造にとってきわめて重要視されていたはずのこの「御澤」は、その後の歴史に何ら痕跡を残さなかったであろうか。時代は少し下るが享保二年（一七一七）黒沢長尚編纂の地理志『雲陽誌』（蘆田一九七一）の仁多郡条をみると、

兒池　廣さ五尺四方の池なり、三井野原にあり、
三井野原　備後國由來村の境なり、

とある。「兒池《ちごいけ》」が所在する三井野原は出雲地方で山陰と山陽を結ぶ鉄道沿いの村で、出雲坂根駅からスイッチバック方式で急峻な斜面を登ると、まさに野原というにふさわしい高原となる。広島県との県境に位置し（図Ⅷ―7）、冬場はスキーとなり賑う。三井野原の三井は「御井」であり、兒池の「兒」は風土記の「千己」に由来するものと考えられる。現在は湧水の上に稚児ケ池神社（図Ⅷ―7―4）として小規模な祠が設けられ、三井野原、坂根、八川、そして広島県の油木の集落の人たちによって毎年十二年三日に祭礼がおこなわれている。社伝によれば、稚児ケ池は元は一町四方の大きな池であった

図Ⅷ―７　古代の出雲と御津の比定地
1：三津田　2：刀研池　3：前の舞の古井　4：稚児ケ池

と云う*4。この『雲陽誌』に見える「見池」、現在の稚児ヶ池こそが風土記の「三澤」に他ならないであろう。油木は『出雲国風土記』には、「遊記山　郡家正南卅七里有鹽味葛」として記載され、古代には「由來村」、即ち現広島県に属する大字の油木まで出雲国の範囲であったことが推定される*5。国境はその後時代により変遷したかもしれないが、いずれにせよ古代国造が出雲を離れる直前に立ち寄る清泉であったことは間違いなかろう。また、三井野原を下った坂根（図Ⅷ―7―2）は阿遅須枳高日子命が「御澤」をもとめて「坂の上に至り留まり」としたことと関連する地名であろう。この坂根には現在「延命水」があり、休日には列をなして近県の人々もこの水を酌みに来るのがみられる。その源は「稚児ヶ池」であるとの伝承もある*6。かようにみれば、細川家本や倉野本の「所生千己云也」を採用し、「生まれるところの千己（稚児）はものを云うなり」と解するのが妥当であろう。

四　三澤

この三澤郷の「御澤」については、これまで仁多郡内に三か所の比定地があった（図

Ⅷ—7）。一つは仁多郡仁多町の三津田で（図Ⅷ—7—1）、加藤義成の旧『出雲国風土記参究』が比定していた場所である（加藤一九六二）。これは古写本の三澤郷の「三澤」を「三津」と校訂したことによる比定地である。異体字は「津」と「澤」は酷似している（高田一九一六）。加藤は白根正一郎の報告として仁多郡原田の三津田（光田）について、「今もこの三津田の泉に近い神田という田は清浄にして婦人を近づけないが、もしけがれがあると、その耕作者の家から聾唖児を出すと信じられている。」という禁忌を傍証にあげている。しかし、夙に後藤蔵四朗が指摘しているように（後藤一九一八）、出雲郡条出雲大川（斐伊川）は「源は伯耆と出雲と二つの國の堺なる鳥上山より出で、流れて仁多の郡横田の村に出で、即ち横田・三處・三澤・布施等の四つの郷を經て（以下略）」とあり、現在も「三沢」の地名があることから、「三澤」とするのが正しい。加藤は「三津」が「三澤」であることが確定すると旧説を撤回し、新『出雲国風土記参究』では、三沢町の中世三沢氏の居城であった三沢城＝要害山の「刀研池」（図Ⅷ—7—2）を「御澤」とした（加藤一九九二）。麓にある風土記社の「三澤社（式内：三澤神社）もあるいは加藤の胸の内に根拠の一つとしてあったかもしれない。しかし、三沢城の中腹にある「刀研池」では「坂の上に至り留まり」に合わない。「坂」という以上は交通路の途上に位置するべきであろう。近年では、斐伊川沿いでは発掘調査された律令期の祭祀遺跡である木次町大原地区の家の上遺跡（坂本一九九八）付近の「前の舞の古井」も「御澤」の候補の一つにあげられている（関二〇〇六）。遺跡付近の民家の庭の中にある湧水池で（図Ⅷ―7―3）、前掲の『雲陽誌』仁多郡条尾原（村）には、「古井　三澤氏鴨倉在城の時元朝の若水たる井の跡なり、」とする古井にあてられている。しかしこれも、「坂の上に至り留まり」に合わない。このように既出の比定地はいずれも「坂の上」ではなく、斜面の途中にある。関和彦は「御澤」＝「稚児ヶ池」という明言は避けているが、『出雲国風土記』仁多郡条室原山への仁多郡家からの方位里程に関して、「出雲坂根駅付近から三井野原に上る旧道は比較的緩く感じる。稚児ヶ池神社にまつわる神話伝承は『出雲国風土記』にはみえないが室原川のルートの存在も想定させる。」として稚児ヶ池神社の写真を載せ、池の上に社殿を置くのはあまり他に例がないとの解説をしている（関二〇〇六）。室原川は『出雲国風土記』では、「源は郡家の東南のかた卌六里なる室原山より出でて北に流る。此は則ち謂はゆる斐伊の大河の上なり。（略）」としており、出雲大川＝斐伊大川の水源地の一つと認識されていていた。

以上、二～四節で『出雲国風土記』意宇郡忌条部神戸と仁多郡条三澤郷にみえる出雲国造神賀詞奏上に関する記載を先行研究に学びながら改めて検討し、三澤郷の「御澤」を三井野原の「稚児が池」に比定した。意宇郡条忌部神戸にみえる出雲国造の「御沐」とは、仁多郡条三澤郷の地名起源説話の「三澤」の水を用いての禊であった。このことからうかがえるのは、出雲国造による神賀詞奏上には、「忌玉」と「御沐」の二つの重要な要素があり、不可欠であったことである。

五　三澤郷の地理的位置

さて、かように、「御澤」を「稚児ヶ池」に比定するならば、ここに一つの問題が生じてくる。それは従来、「御澤」＝「稚児ヶ池」の周辺、つまり室原川流域は、風土記の郡家から各郷までの方位里程から、横田郷内と考えられてきたことである。三澤郷は、阿位川と阿伊川の二つの斐伊川支流流域が範囲であり、横田郷は同じ斐伊川支流の横田川と室原川流域がそれであるとするのが定説であった。

しかし、従来の説では、三澤郷にあるはずの「稚児ヶ池」は横田郷に入ることになる。三澤郷は、阿位川（現在の阿井川）と阿伊川（現在の馬木川）の二つに加え、さらに東側の室原川流域も加えた広い範囲を考えなければならなくなる。それは逆に横田郷を狭く推定することになるが、『出雲国風土記』が横田郷を、「横田の郷　郡家の東側のかた廾一里なり。古老の傳へていへらく、郷の中に田あり。四段ばかりなり。形聊《いささ》か長し。遂に田に依りて、故、横田といふ。即ち正倉あり。（以下略）」と記しており、私見の方が横田川に沿った横に長い平面形状の郷であると説く地名起源説話の内容に一致してくる。定説では地勢は決して「形聊《いささ》か長し。」にはなりえない。『出雲国風土記』の地名起源説話は神々の活動が起源となっている場合が多いけれども、例えば、秋鹿郡条恵《え》曇郷《とものさと》でも、磐坂日子命《いわさかひこのみこと》が「此處《ここ》は國稚《くにわか》く美好《うるは》しかり。國形《くにがた》、畫鞆《えとも》の如きかも。吾《あ》が宮《みや》は是處《ここ》に造らむ。」と云ったことによるとしているように、伝承であっても形状から地名を説明する場合もあることを軽視すべきではなかろう。

六　品治部の設定

さて、仁多郡条三澤郷の伝承において阿遅須枳高日子命は「御澤」の水の霊力によりものが云えるようになったわけであるが、それまでは神門郡高岸郷にいた。『出雲国風土記』神門郡条高岸郷は、「高岸郷　郡家の東北《うしとら》のかた二里なり。天《あめ》の下《した》造らしし大神の御子《みこ》、阿遅須枳高日子命《あぢすきたかひこのみこと》、甚《いた》く夜晝哭《よるひるな》きましき。仍《よ》りて、其處《そこ》に高屋《たかきや》を造りて、坐《ま》せて、即《すなは》ち、高椅《たかはし》を建てて、登《のぼ》り降《くだ》らせて、養《ひた》し奉《まつ》りき。故《かれ》、高岸《たかきし》といふ。神龜三年、字を高岸と改む。」として、阿遲須枳高日子命が三澤郷に行く以前の様子を記している。つまり、天の下造らしし大神＝大穴持命は御子の阿遲須枳高日子命をあやすために高岸郷に「高屋」を造り、梯を登り降りして養育したというのである。高岸郷は斐伊川の岸辺の高いたてもの（宮）という意味であろう。

　この阿遅須枳高日子命の伝承は記紀の垂仁天皇の御子、ホムツワケ王の伝承に酷似していることが指摘されている。まず、『日本書紀』では、誉津別皇子《ほむつわけのみこと》は三十路になるまで泣いてばかりいてものを言うことができなかったが、或る日、空を飛んでいる鵠《くぐひ》（白鳥）をみて、「是何者《これなにもの》ぞ」と云ったので、垂仁天皇は鳥取造の祖の湯河板挙《ゆかはたな》に命じて鵠を捕えて献上するように命じた。そこで湯河板挙は出雲まで行って捕獲した。誉津別皇子は献上された鵠によってしゃべれるようになり、垂仁天皇は湯河板挙に鳥取造を賜姓し、鳥取部・鳥養部・誉津部を定めたとする。また、『古事記』では、本牟智和気命としてみえる。大人になるまでしゃべれなかった本牟智和気命が鵠の声を聞いて「阿藝《あぎ》」

と云ったので、山邊大鶴《おおたか》に命じて献上させたが思うようにしゃべれなかった。垂仁天皇が占いをしたところ、出雲大神のたたりであることがわかった。そこで、出雲大神を拝みに曙立王と菟上王《うなかみ》を副えて本牟智和気命を遣わしたところしゃべれるようになり、天皇は喜んで出雲大神の宮を造らせ、本牟智和気に因んで、鳥取部、鳥甘部、品遅部、大湯坐、若湯坐を定めたというものである。

記紀が共通して主張するのは、大人になるまで言葉を話せなかったホムツワケ王が、鵠を介して出雲と関係し、しゃべれるようになり、垂仁天皇の時に、鳥取部、鳥甘（鳥養）部、品遅（誉津）部、大湯坐、若湯坐などの御子代部を各地に定めたことである。このような神話上の鵠が『延喜式』祝詞の出雲国造神賀詞の中では「白鵠の生御調の玩物」として貢納物になっていること、『出雲国風土記』出雲郡条の禽獣の項には「鵠《くぐひ》」、神門郡には「来食池《くぐひいけ》」の記載がみえ、実際に棲息していたことも注意される。斐伊川下流域の簸川郡斐川町求院《ぐい》には、通称求院八幡宮がある。風土記の時代には出雲郡出雲郷～神戸郷の範囲であったと推定されるが、その境内社に伊邪那美命と誉津別皇子を祭神とする鵠神社がある（島根県神社庁一九九六）。国学の盛んになった近世以降に記紀の伝承が結び付けられた可能性もあるが、求院という地名は鵠に由来すると考えられる。鳥取部は『天平十一年出雲国税賑給歴名帳』の出雲郡、神門郡には、「鳥取部臣赤賣」をはじめ二十二人の名が、また、出雲市青木遺跡出土木簡の中にも鳥取部がある（松尾二〇〇六）。鵠の献上は、菊地照夫が論じているように、もとは鳥取氏の持っていた伝承が記紀に取り入れられたことにより、出雲国造神賀詞に採用されたのであろう（菊地一九九五）＊7。

品遲（誉津）郡は『天平十一年出雲国大税賑給歴名帳』の出雲郷の出雲郷に「品治部伊佐禰」や杵築郷に「品治部奈理」の名がみえるが、『出雲国風土記』仁多郡条末に、

郡司　主帳　外大初位下　品治部
　　　大領　外従八位下　蝮部臣
　　　少領　外従八位下　出雲臣

とあるのが注目される。品治部の郡司職はこの仁多郡のみである。この「御澤」のある仁多郡の郡司の一人に品治部が入っているのは、三澤郷の地名起源説話との関係で重要視されるべきであろう。

七　忌玉

次に、出雲国造神賀詞奏上においてもう一つ重要な要素であった「忌玉」について考えてみよう。玉作りは、日本列島で、縄文時代からおこなわれており、時期によって盛衰がある。古墳時期の中ごろには広く各地で玉作りが行われるようになっていたが、六世紀の中ごろになると後の出雲国意宇郡の出雲神戸を中心とした地域で生産されるようになってくる。つまり、出雲のみが玉生産を許されることになる。しかし、それは七世紀後半代に一旦途絶え、八世紀代には再び出雲神戸で行われるようになるという（米田他二〇〇九）。

七世紀後半は白村江の戦（六六三）、壬申の乱（六七二）など激動の時代であり、そのような社会不安を予見させるような記載が出雲に関係し、『日本書紀』斉明天皇五年（六五九）七月条にある。

是歳《ことし》、出雲國造　名を闕《もら》せり。に命《おほ》せて、神の宮を修嚴《つくりよそ》はしむ。狐、於友郡《おうのこほり》の役《えよ》丁《ほろ》の執《と》れる葛《かづら》の末《すゑ》を嚙《く》ひ斷《た》ちて去《い》ぬ。又、狗《いぬ》、死人《まかれるひと》の手臂《ただむき》を言屋社《いふやのやしろ》に嚙ひ置けり。

言屋、此をば伊浮琊といふ。天子の崩りまさしむ兆なり。

ここでの「神の宮」は杵築大社（出雲大社）と考えられている。記紀では崇神天皇や垂仁天皇にみられるように、社会不安や不吉な出来事は出雲の神々の祟りと考えられていた*8。出雲が担っていた玉生産もそのような社会の不安定な時期に途絶えていることになる。おそらく国造制の成立とともに、倭王権に神賀詞を奏上する原初的な儀礼は始まったと思われるが、大化改新以降の政変の中で途絶えたのであろう。出雲国造の氏族名は『日本書紀』編纂時には記録に残ってはいなかったと記されるように、出雲国造の地位や地域社会も変動していたらしい。出雲神戸における玉作りの中断はこのような歴史的事情に連動するものであろうか。

『続日本紀』には、大宝二年（七〇二）四月に「詔して、諸国の国造の氏を定めたまふ。其の名、国造記に具なり。」とあり、全国の律令国造が定められた。この時に出雲国造には出雲臣が決定したと考えられる。そして、出雲国造による神賀詞奏上も復活し、「忌玉」も再び必要となったのである。正史にみえる神賀詞奏上は霊亀二年（七一六）の出雲臣果安にはじまり、天長十年（八三三）まで十五回確認されるが、果安は出雲の律令国造として初めて神賀詞を奏上したのであり、その後は『延喜式』にみられるような儀式のかたちに次第に整えられていったものと思われる（瀧音一九九四）。神賀詞奏上儀礼の復活にあたっては、出雲国造のもとで、出雲の品治部や鳥取部が深く関与していたであろう。

八　まとめ

出雲国造は神賀詞奏上にあたり、出雲国内で、まず、意宇郡忌部神戸で玉を作らせ、それと白鵠を携えて杵築大社を出て、仁多郡三澤郷の「御澤」の水で禊（御沐）した。これの順番が逆でないのは、神賀詞奏上のために上京するのは、おそらく杵築大社（出雲大社）から出発して、斐伊川沿いに、出雲郡→神門郡→大原郡→仁多郡とさかのぼり、現在の三井野原の「御澤」で沐浴した後に、備後国から播磨国を通過して都に向かったものと推定されるからである。「御澤」は神賀詞奏上のために上京する途上に位置し、出雲国から出国する時の境界祭祀の場でもあった。

注

*1 視点は異なるが、寺村光春も玉造遺跡と『出雲国風土記』の検討から、玉作は忌部神戸、禊は似た郡の御沢としている（寺村一九八一）。

*2 『延喜式』の祝詞「出雲国造神賀詞」には「彼方の古川岸、此方の古川岸に生ひ立つ若水沼間の、いや若えに御若えまし、すすぎ振るをどみの水の、いやをちに御をちまし、」（倉野一九五八）とあり、この部分が三澤郷の伝承と対応すると思われる（荻原一九九九）。

*3 現在でも出雲地方で「仁多米」は第一級のブランドである。

*4 神稚児ケ池神社拝殿壁に掲げてある社伝は次のようである。

稚児ケ池神社の由来

三井野の地名は御生　御井で比婆山神話に由来しここにある　稚児ケ池は、古い傳説と信仰をもって居る。出雲風土記に出雲と備後の界　室原山と言うあり　神の御室などありしがこの原上に古井あり　今は稚児ケ池と言う。また、天孫族の長者（主権者）イザナギ神イザナミ神二神　本拠が比婆山連峰の高開原、幸（油木）の高天原にある女性におわす。イザナミ神御妊娠の時幸の高天原より東方一里御（三井野原）にある方一町位の泉のほとりに産室を作りお籠りになり三貴神「天照大神　月夜見神　須佐之男神」が此の地に御誕生になり、この泉を御井と呼ばれて居た。その後、三井と改字され、五尺四方深さ三・四尺の池なるも近國迄名高く聞え、毎歳近郷より雨上げ、雨乞いの節立願して其の験また多く如何なる旱にても水減ずる事なく往古に一町四方の池にて伯耆大山や宍道湖とも底が通じていて、大蛇が之らの池を通っていたと言い傳えられ、陰陽往還の要所（出雲備後の國界）に位置し、水量豊富で過去幾多の人馬の喉をうるおしたが、比の周辺は軟弱を極め水お呑む為に近寄りぬかるみに足をとられ溺死するものもあった為、今は埋められて一坪位の池と化し其の上に横たえる材木の上に須佐之男命をまつるほこらがあり稚児ケ池神社と呼ばれ隣國より水の神様として信仰をあつめている。

＊5　現在の油木にある安養寺（図2―3）は出雲巡礼札所の一つとなっているのも参考になろう。

＊6　三井野原にて聞き取り採集

＊7　菊地照夫は、鵠の献上は天皇に霊威を付与する意味があり、もともと鳥取氏が担っていたものを、七世紀中葉以降に部民制の廃止とともに、出雲国造がかわって行うようになったとする（菊地一九九五）。

＊8　『出雲国風土記』では、大穴持命の御子の阿遲須枳高日子命の話となっているが、『尾張国風土記』の逸文には、吾縵郷の地名起源説話に次のような記載がある。すなわち、巻向珠城宮御宇天皇（垂仁天皇）の皇子が七歳になってもしゃべれなかったところ、皇后に「吾は多具の國の神、名を阿麻乃彌加都比女と曰ふ。吾、未だ祝を得ず。若し吾が為に祝人を宛てば、皇子能言ひ、亦是、み壽考からむ」という夢のお告げがあったというものである。『出雲国風土記』楯縫郡条神名樋山には、「（略）阿遲須枳高日子命の后、天御梶日女命、多久の村にきまして、多伎都比古命を産み給ひき。（略）」とあり、山本清が指摘した如く、多具の國＝多久の村、阿麻乃彌加都比女＝天御梶日女命であろうから（山本一九七五）、古代には、出

雲の神の祟りが広く知られていたと推定される。

引用・参考文献

青木和夫他　一九八九『続日本紀』新日本古典文学大系一二　岩波書店
秋本吉徳　一九八四『出雲国風土記諸本集』勉誠社
秋本吉郎　一九九〇（初版一九五八）「風土記」『日本古典文学大系２』岩波書店
蘆田伊人　一九七一『雲陽誌』大日本地誌大系四二　雄山閣
加藤義成　一九六二（初版一九五七）改訂増補新版『出雲国風土記参究』原書房
加藤義成　一九九二（改訂三版）修訂『出雲国風土記参究』今井書店
菊池照夫　一九九五「出雲国造新賀詞奏上儀礼の意義」『出雲世界と古代の山陰』同成社
後藤蔵四郎　一九一八『出雲国風土記考證』
倉野憲司　一九五三「記紀と共通する出雲国風土記の神々について」『出雲国風土記の研究』出雲大社御遷宮奉賛会
倉野憲司　一九五八『古事記　祝詞』日本古典文学大系１　岩波書店
坂本論司　一九九八『家の上遺跡・石壷遺跡』大原郡木次町教育委員会
島根県神社庁　一九九六（初版一九八〇）『神国島根』福間秀文堂
関　和彦　二〇〇六『出雲国風土記註論』明石書店
黒沢長尚　一七一七『雲陽誌』雄山閣

高田竹山　一九一六『五體字類』西東書房
瀧音能之　一九九四「出雲国造神賀詞奏上儀礼の成立過程」『出雲国風土記と古代日本』雄山閣出版
寺村光晴　一九八一「出雲国風土記のミサカとミソギ―古代出雲服属伝承の検討―」『和洋国文学』第十六・十七合併号
萩原千鶴　一九九九『出雲国風土記』講談社学術文庫
松尾充晶　二〇〇六「青木遺跡Ⅱ」『国道四三一号道路改築事業（東林木バイパス）に伴う埋蔵文化財発掘調査報告書』Ⅲ　島根県教育委員会
山本　清　一九七五「出雲国風土記」『日本古代文化の探求―風土記―』社会思想社
米田克彦他　二〇〇九『輝く出雲ブランド　古代出雲の玉作り』島根県立古代出雲歴史博物館

（「出雲国造神賀詞奏上儀礼について（二）」『先史学・考古学論究』Ⅴ熊本大学文学部考古学研究室二〇一〇）

Ⅸ　大原郡

出雲人が祀る神宝

『日本書紀』が伝える崇神天皇六十年七月十四日のことである。天皇は出雲大神の宮にある「天《あめ》よりもちきたれる神宝」を見たいと言って、武諸隅《たけもろすみ》を遣わして献上させようとした。そのころ出雲では、出雲臣の先祖である出雲振根《いずもふるね》がその神宝を祭っていた。しかし、振根はちょうど筑紫に行っており武諸隅は会うことができなかった。対応した振根の弟の飯入根《いいいりね》は皇命だからと思い、その弟の甘韓日狭《うましからひさ》と、飯入根の子供の鸕濡渟《うがつくぬ》に神宝を預けて勝手に献上してしまった。

怒った振根は飯入根を止屋淵《やむやのふち》に誘い出してだまし討ちにしてしまう。そこで、甘韓日狭と鸕濡渟は事情を朝廷に訴え出たところ、天皇は吉備津彦と武渟河別《たけぬながわわけ》を遣わして出雲振根を誅殺《ちゅうさつ》する。それをみて恐れおののいた出雲人は、大神の祭りをやめてしまった。

これより前に崇神天皇は北陸、東海、西道、丹波道に、いわゆる四道将軍を派遣している。吉備津彦は畿内より西が、武渟河別は東海地方が担当の将軍である。崇神天皇は応援を頼んでまで出雲に攻め入ったのである。

図Ⅸ―1は現在の吉備津彦命を祭神とする神社の位置関係である。吉備津彦命は言うまでもなく岡山県の吉備津神社・吉備津彦神社の祭神である。出雲における吉備津彦神社は、およそ斐伊川流域に集中している（表Ⅸ―2）。

飯入根がだまし討ちにあった止屋淵は古代の出雲郡塩冶郷内で、現在の

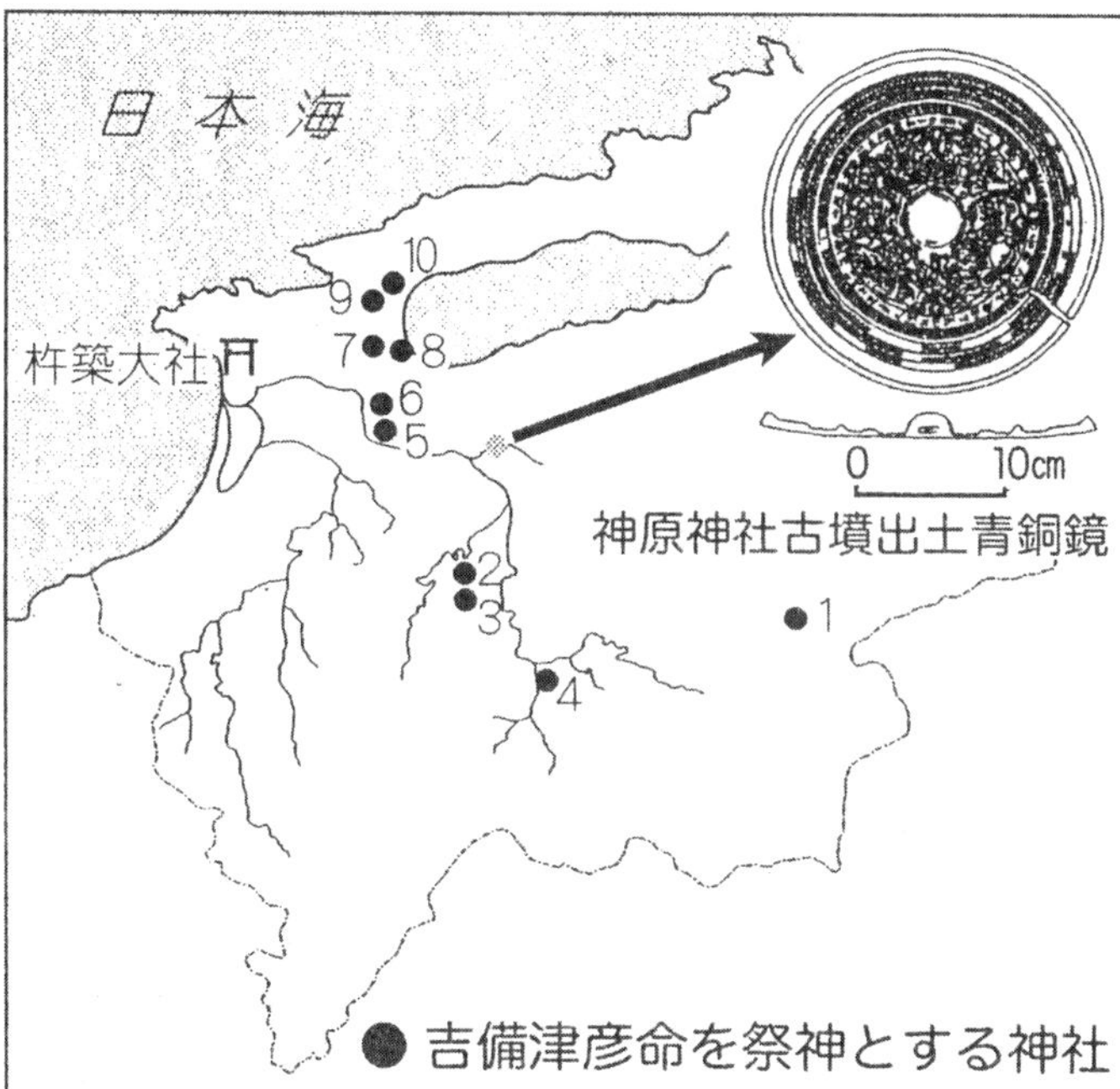

図Ⅸ―1　吉備津彦神社と神原神社古墳

出雲市大津町から川跡あたりの斐伊川岸のことである。二人の将軍は斐伊川の上流部から下流部に向け、振根の本拠地であった出雲郡出雲郷をめざして大軍団を進めたのである。これが史実ならば、吉備津彦の分布はその時の激戦の遠い記憶であるかのように見える。

『日本書紀』は続けて、丹波の氷香戸邊《ひかとべ》という人の子供が神懸かり、次のようなことを言ったと皇太子の活目尊《いくめのみこと》を通して崇神天皇に申し上げたと伝える。その言葉とはよく意味が通じないが、どうやら、悲しいことに「出雲人が祭る真種《またね》の甘美鏡《うましかがみ》」が誰にも顧みられることなく水底に沈んでいる、という意味らしい。つまり神宝とは「真種の甘美鏡」、本物の美しい鏡であると言っている。

天皇は何を恐れたのであろうか。これによって出雲人に神宝を再び祭らせたという。神宝である鏡の献上は完全なる服属を意味する。それを返したのは出雲が一定の統治権を認められた、少なくとも「真種の甘美鏡」を祭る権利を持っていた、ということであろう。『日本書紀』の伝える出雲の神宝とは鏡のことであった。

この話はさらに続きがある。崇神天皇の次の垂仁天皇二十六年のことである。しばしば出雲に使者を出して神宝を調べさせるのだが、だれもはっきり報告するものがいない。

表Ⅸ－２　吉備津彦・吉備津姫を祭神とする神社（①『雲陽誌』②『神国島根』）

	神社名②	神社名①	主祭神②	配祀神②	境内社②	所在地②	旧郡郷里	備考	風土記・延喜式
1	比田神社	一宮明神 （吉備津彦命・ 吉備津姫命）	吉備津彦命 吉備津姫命			能義郡広瀬町 西比田	仁多郡三処郷		比太社
2	粟谷神社	吉備津明神	吉備津彦命			飯石郡三刀屋町 粟谷	飯石郡三屋郷		粟谷社
3	託和神社	託和社 （吉備津明神）	吉備津彦命			飯石郡三刀屋町 多久和	飯石郡三屋郷	飯石神社 境内	託和社
4	上神社	吉備津明神 （吉備武彦命）		大吉備津彦命		飯石郡吉田村上山	飯石郡飯石郷		上社
5	八幡宮	八幡宮 （誉田天皇）			吉備津彦命	簸川郡斐川町求院	出雲郡出雲郷	木山社	
6	御名方神社	鳥屋神社 （建御名方命）	吉備津彦神			簸川郡斐川町名島	出雲郡神戸郷		鳥屋社
7	原鹿神社	一宮明神 （吉備津命）	吉備津彦命			簸川郡斐川町原鹿	出雲郡神戸郷		
8	吉備津神社	吉備津神社	武彦命			簸川郡斐川町沖洲	出雲郡	天満宮 境内	
9	若宮神社		吉備津彦命			平田市西谷町	出雲郡美談郷		
10	新宮神社	新宮権現 （吉備津彦命）				平田市野郷町	楯縫郡佐香郷		

天皇は物部十千根大連《もののべのとちねのおおむらじ》を遣わして神宝を調べさせたところやっと様子がわかったので、十千根に出雲の神宝を掌《つかさど》らせることにした。

出雲人が「真種の甘美鏡」をきちんと祭っているのか監視でもさせたのであろうか。この垂仁天皇の話は、国譲り神話において高天原から遣わされたアメノホヒやアメノワカヒコが、オオクニヌシに媚《こ》びてなかなか帰らなかったという件とイメージが重なる。

さて、日本の古代において特に鏡にこだわった時代がある。北部九州の弥生時代と畿内の古墳時代前期である。その時代の首長墓からは青銅鏡がたくさん出土する。例えば奈良県の桜井茶臼山古墳（長さ二〇七ｍの前方後円墳）からは約八十面もの鏡が出土している。それらは現代のような姿見の鏡ではない。鏡の裏面は球状で、顔を映せばゆがんで見える。表面はさまざまな呪術的な文様や吉祥句で飾られる。

出雲大神の神宝が崇神天皇という古い時代のこととして語られていることと、鏡をめぐって争いが起きていることなどを考えると、それはきっと前期古墳から出土するような呪術的な青銅鏡であったに違いない。

地方の前期古墳から出土する鏡を、同盟関係や服従した証しとしてヤマト政権が配布したという見方がある。その根拠の一つは同じ鋳型で造った同笵鏡《どうはんきょう》が畿内と地方の両方の古墳から出土するからなのであるが、そのことは必ずしも鏡を配布した結果であるとは言えない。その逆も成り立つからである。多量の鏡を出土する畿内の古墳を、『日本書紀』の神宝献上の話に沿って解釈すれば、それこそ地方の首長たちが手に入れていた鏡を収奪《しゅうだつ》した結果とも受け取れはしないか。

斐伊川沿いにある雲南市の神原神社古墳から発見された、邪馬台国の女王卑弥呼が魏からもらった百面のうち一面とも言われる景初三年銘三角縁神獣鏡も、このような問題を秘めながら今は静かに古代出雲歴史博物館に展示されている。

（「出雲大社の神宝」『山陰中央新報』二〇一一年八月十二日）

X　出雲の海

入海の王者

一　描かれたシュモクザメ

近年、山陰地方では弥生時代から古墳時代の遺跡から、土器、木製品、その他に魚を線刻した資料の出土例が増えつつある。それらは、近畿地方の銅鐸にみられるような淡水魚ではなく、海水魚である。それはこの地方の人々が海と深い関係にあったことを物語っている。島根県加茂岩倉遺跡の二十九号銅鐸の鈕に描かれているのも、スッポンではなく、海亀であることは、そのような地域色を示している。

これら山陰地方の原始・古代に描かれた海水魚の多くはサメをあらわしていると考えられる。それもシュモクザメという特定のサメである（図X—1）。特に鳥取県青谷上寺地遺跡では数多くのサメの線刻絵画が出土している。今のところ最古の資料は縄文時代晩期の長野県山の神遺跡出土の椀型土器に描かれた資料である。海から遠く離れた山間部からの出土ということで、これをシュモクザメとすることを疑問視したり、サケがエ

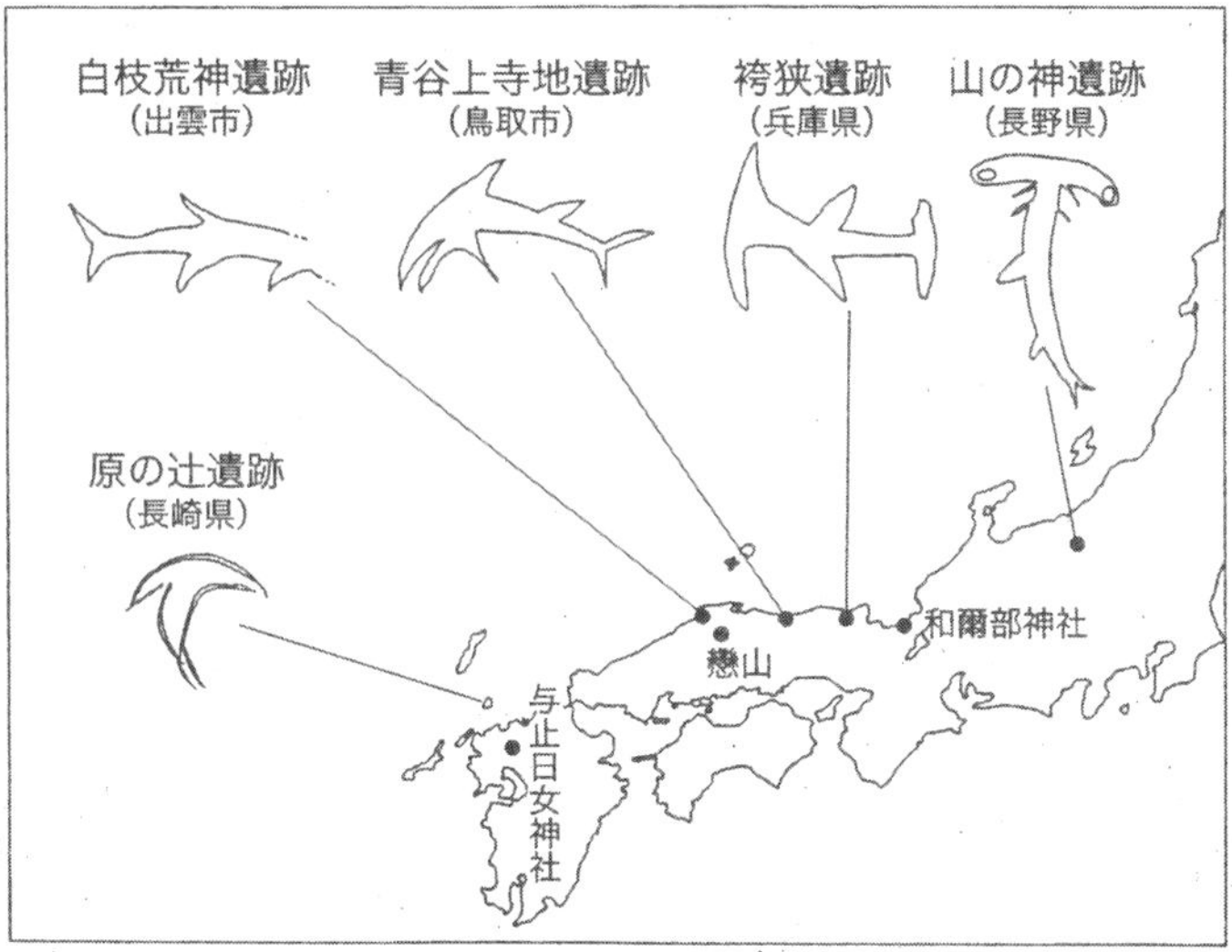

図X―1　土器や木製品に線刻されたシュモクザメ

り（竹や木で作った漁具）に入っている様子とする考えもあるが、シュモクザメの頭部をキャンパスの上方に持ってくる画法や細部の特徴などは、江戸時代に描かれた『隠岐国産物図注書』（古代出雲歴史博物館蔵）のシュモクザメの絵と同じである。こうした絵画資料が今日もサメをワニと呼んでいる地域に重なることが注意される。

シュモクザメのシュモクとは、撞木のことである。つまり、鐘や鉦を打ち鳴らすときに用いる木製のハンマーで、シュモクザメの頭部がT字型をしていることによる。英名をハンマーヘッドシャークと云うのも同じ発想だ。日本海沿岸ではカセワニとも云うが、これは機織具の杼にも似ているからである。かつて島根半島の漁民達は「鼻に目のある手掛けのワニ」とも呼んでいた。いずれもシュモクザメの頭部の特徴をとらえた呼び名である。

二　古代のワニ

『古事記』や『日本書紀』といった古代の文献にみえるワニは海神の使いであり、神の乗物でもあったが、『風土記』では次のような生態をも示す。

恋山《したびやま》　郡家の正南一十三里なり。古老の伝へていへらく、和爾《わに》、阿伊の村に坐《いま》す神、玉日女命《たまひめのみこと》を恋《した》ひて上り到《いた》りき。その時、玉日女命、石を以ちて川を塞《さ》へましければ、え会はずして恋《した》へりき。故、恋山といふ。（『出雲国風土記』仁多郡条）

（前略）此の川上に石神あり、名を世田姫《よたひめ》といふ。海の神鰐魚《わに》を謂《い》ふ。年常に、流れに逆《さか》ひて潜《くぐ》り上《のぼ》り、此の神の所《もと》に到るに、海の底の小魚《こうを》多に相従《あひしたが》ふ。或は、人、其の魚を畏《かしこ》めば殃《まが》なく、或は、人、捕《と》り食《くら》へば死ぬることあり、凡て、此の魚等《うをども》、二三日住《とど》まり、還《かへ》りて海に入《い》る。（『肥前国風土記』佐嘉郡条）

サメが体内にアンモニアを含み、その肉が腐りにくいため、生のまま山間部へ搬送することが可能であったこととも関係するのであろうが、神話上のワニの生態は山深く女神を求めて遡上するのである。このことを考え合わせると、信濃川を一五〇㎞も遡った山の神遺跡にシュモクザメの線刻画があっても不思議ではない。

古代の文献に見えるワニが神話上の架空の生物ではなく、現実にも海に生息している生物として、明らかにサメと区別されていたことは、『出雲国風土記』の次の記載から知られる。島根郡条の入海＝中海では、

凡そ南の入海に在る所の雑物は、入鹿（イルカ）、和爾（ワニ）、鯔（ボラ）、須受枳（スズキ）、近志呂（コノシロ）、鎮仁（クロダイ）、白魚（シラウオ）、海鼠（ナマコ）、鰝蝦（エビ）、海松（ミル）等の類、多に至れば名を尽すべからず。

とあって、ワニは他の海の生物と同じ扱いがなされている。一方、同じ島根郡条の北海（日本海）では、

凡そ、北海に捕らふる所の雑物は、志毘（マグロ）、朝鮐（フグ）、沙魚（サメ）、烏賊（イカ）、蜛蝫（タコ）、鮑魚（アワビ）、（略）至だ繁にして称を尽すべからず。

として、サメを記している。ワニとサメは別種の魚として認識されていたのである。ワニがよほど変わった姿や生態をしていたからに他ならない。

以上のようにみると、記紀や『風土記』の神話・伝承に登場するワニの舞台と、発掘された原始・古代のシュモクザメの絵画資料の分布は重なってくる。古代の文献にみえるワニとはシュモクザメであると推定できるのである。このワニは日本海沿岸に広い信仰圏のようなものがあったことを想定できよう。その担い手は日本海を生業の場とする漁撈民達が中心であった。おそらく彼らは土器や板に描かれたワニをみて、祭りの場で豊漁を祈り神話を語っていたに違いない。

三　コトシロヌシの登場

しかしながら、現代の漁村ではそのようなワニの信仰はみられない。今日、漁民の間で信仰されているのはエビス神である。全国の津々浦々で祀られている。ワニ信仰からエビス信仰へ漁民達の信仰が変わっていったようにみえるが、そのあたりの歴史的事情はあきらかでない。今一度、古代の文献に目を向けてみよう。

ワニは記紀や『風土記』などの古代の文献では神格視されていたことは間違いない。それはあくまでも神話上の話である。ワニは神格化される一方で、『古事記』の稲羽素《いなばのしろ》兎《うさぎ》の神話では、ワニを騙したウサギをまる裸にし、『出雲国風土記』では娘の足を食いちぎり、敵討ちにされている。そこには、ワニは害をもたらし、凶暴で、退治される対象であり、神格化された姿は窺えない。古代には神格化されたワニは神話の世界に追いやられつつあったばかりでなく、駆除される対象であったとみなされよう。しかし、シュモクザメの絵画資料の分布が示すように、広く信仰されていたワニ信仰がそう簡単に衰えたとも思えない。おそらく記紀が編纂された奈良時代に至るまでに、ヤマト王権が、たとえば漁民達を海部として編成していくというような歴史的事情の中で、ワニ信仰は、まず海と関係にあったコトシロヌシに置換されていったと考えられる。コトシロヌシは元々大和で祀られていた神である。このことを考えるときに『日本書紀』の次の記述はたいへん示唆的である。すなわち、

又曰はく、事代主神、八尋熊鰐に化為りて、三嶋の溝樴姫《みぞくいひめ》、或は云はく、玉櫛姫というふに通ひたまふ。(以下略)

とあり、『風土記』のワニの神話と共通しているとともに、コトシロヌシはワニに変身しているのである。こうして生まれたのが神武天皇の后である姫蹈鞴五十鈴姫命であった。

原始・古代の漁民達のワニ信仰はこのようにして神話体系の中に組み入れられていったのである。このことは、各地の神社に祀られた神々を仏や菩薩の仮の姿として理解しようとした本地垂迹説の原理と共通している。そのようにしなければヤマト王権や律令国家は、多くの漁民達から贄や調などの税を貢納させることはできなかったのであろう。

この古代におけるコトシロヌシが、やがて七福神の恵比寿・大黒などと結びついていったと考えられるならば、現在の恵比寿信仰の中には原始・古代のワニ信仰が表面化しないまま内在していると云うことができよう。

四　アカエイの絵馬

一方、このワニ信仰は形を変えながら漁民以外の民衆の中にも残ってきた。それは大阪市住吉区の広田神社や兵庫県神戸市の長田神社に代表されるようなアカエイの絵馬を奉納する習俗に見出せる。現在では痔をなおす神様として信仰されているが、元はその祭神である撞賢《つきさか》木《き》厳《いつ》之《の》御《み》魂《たま》天《あま》疎《さかる》向《むか》津《つ》姫命《ひめのみこと》に願を掛け、治癒できたお礼にアカエイを奉納するというのである。島根県安来市広瀬町の布部神社にもある。その撞賢《つきさか》木《き》厳《いつ》之《の》御《み》魂《たま》天《あま》疎《さかる》向《むか》津《つ》姫命《ひめのみこと》は、天照大神の荒御魂とされ、伊勢神宮では内宮の近くにひっそりと祀られている。今のところ、何故、シュモクザメと痔が結びつくのかは明確ではないがこのような習俗が西日本に点在しているのである。

実はこの撞賢《つきさか》木《き》厳《いつ》之《の》御《み》魂《たま》天《あま》疎《さかる》向《むか》津《つ》姫命《ひめのみこと》こそシュモクザメとされる。この長い神名の「撞賢木」の部分に「撞木」＝シュモクザメが隠されている。アカエイとシュモクザメは同じ仲間であるが、シュモクザメほどアカエイを好物とするサメはいない。したがって、シュモクザメを解体すると、必ずといっていいほどアカエイの尾にある毒棘が出てくる。人が刺されると死に至ることもあるアカエイの毒棘さえ、シュモクザメには通用しないらしい。最も多い例では一匹のシュモクザメから九六本もの棘が出てきたことがあるという。痔疾との関係はわからないが、ここにアカエイの絵馬を何故に奉納するのかという一つの理由が見出せる。

五　入海に君臨するワニ

ここで前に触れた、有名な『出雲国風土記』意宇郡条安来郷の「毘売埼」伝承を思い起こそう。安来郷の語臣猪麻呂の娘がワニに足を食いちぎられて死んだので敵討ちをしたと云う話である。この事件は天武天皇の三年（六七四年）の七月十三日から六十年を経ているとある。従って『出雲国風土記』が編纂される天平五年（七三三年）頃は、事件を記憶している人々もいたと考えられるので、ワニが人を襲ったという部分は史実としてよかろう。安来郷は入海＝中海に面しており、そこにはワニが生息していた。その中海には、民俗学者の勝部正郊先生の報告によれば、昭和四〇年代ごろまではアカエイは延縄漁が行われていたくらい沢山いた。アカエイは砂泥質の海底に生息し、イイダコや貝類を好んで食べる。そのイイダコもまた中海では蛸壺漁や釣漁で盛んに捕られていた。そしてイイダコはエビやカニ、貝類を好む。中海が本庄エビやアカガイ（サルボウ）の名産地であったことはまだ私たちの記憶に新しい。そこでは、かつてアカガイ・エビ―カニ―イイダコ―アカエイ―シュモクザメという食物連鎖の関係が成立していたのである。シュモクザメはそのような食物連鎖の頂点に君臨していたのであり、独特な頭部の形状ばかりでなく、生態を熟知していた原始・古代の漁撈民の信仰の対象となったのであろう。

現在、中海ではこのような食物連鎖は崩壊している。しかし、最近、イルカの姿が確認された。以前ほど多くはないがアカエイも健在のようだ。今なら再び風土記時代のような食物連鎖の起こる漁業資源豊かな入海を取り戻すかすかな望みがあるように思われる。

（「ワニ信仰からエビス振興へ」『山陰中央新報』二〇〇八年一月二四・二五日）

豊富な水産資源

一　はじめに

天平五年（七三三）に編纂された『出雲国風土記』の総記には、風土記の編纂方針が次のように記されている。

> 老《おきな》、枝葉《このすゑ》を細《くは》しく思《かむが》へ、詞源《なのもと》を裁《ことわ》り定《さだ》め、亦《また》、山野濱浦《やまのはまうら》の處《ところ》、鳥獣《とりけだもの》の棲《すみか》、魚介海《うをかひうみつ》采《ものは》の類《たぐい》、やや繁《しげ》く多《さは》にして、悉《ことごと》には陳《の》べず。然《しか》はあれど、止《や》むことをえざるは、粗《ほぼ》、梗概《おほむね》を擧《あ》げて、記《ふみ》の趣《さま》を成《な》しぬ。

これによって水産資源が確保される濱浦や、主要な魚介・海藻類を知ることができる。古代の一国の水産資源の様子をこれほどまとまったかたちで文献から知ることのできるのは『出雲国風土記』のみである。以下、この『出雲国風土記』を中心に、関連する資料を交えながら古代日本海の水産資源と漁撈民の姿を探ってみたい（表X―2）。

表X—2　『出雲国風土記』にみる水産資源

		海面・内湾（北海・大海・入海）																													内水面						
魚介類		海獣		大型魚			魚類							軟体			甲殻	貝類									海藻類				湖沼・河川魚						
種類／産出地		イルカ	アシカ	ワニ	サメ	マグロ	ボラ	スズキ	コノシロ	チヌ	フグ	サバ	シラウオ	タコ	イカ	ナマコ	エビ	ウニ	アワビ	サザエ	ハマグリ	カキ	ニシ	バカガイ	イガイ	カメノテ	海藻	海松	紫苔菜	凝海菜	コイ	フナ	アユ	サケ	マス	ウグイ	ウナギ
入海	（中海）	●		●			●	●	●	●			●			●	●											●									
入海	（宍道湖）						●	●		●							●						●					●									
水海	佐太水海																															●					
水海	神門水海（神西湖）						●	●		●							●					●										●					
郡名	意宇郡			○																													●			●	
郡名	嶋根郡		●		●	●					●			●	●			●	●	●	●	●	●	●		●	●	●	●	●	○	●					
郡名	秋鹿郡				●						●	●			●			●	●	●	●	●	●		●	●	●	●	●	●							
郡名	楯縫郡				●						●	●			●			●	●	●	●	●	●		●	●	●	●	●	●							
郡名	出雲郡		○		●						●	●			●			●	●	●	●	●	●		●	●	●	●	●	●			●	●	●	●	●
郡名	神門郡				●						●	●			●			●	●	●	●	●	●		●	●	●	●		●			●	●	●	●	
郡名	飯石郡																																●				
郡名	仁多郡																																●		●		●
郡名	大原郡																																●		●		
藤原京（木簡）								●		●					●																						
平城京（木簡）																											●		●				●				
延喜式（参考）															●				●								●	●	●								

二　入海《いりうみ》の様相

入海の東半分である中海には、島根郡条に、入鹿《いるか》（イルカ）、和爾《わに》（シュモクザメ）、鯔《なよし》（ボラ）、須受枳《すずき》（スズキ）、近志呂《このしろ》（コノシロ）、鎮仁《ちに》（チヌ）、白魚《しろを》（シラウオ）、海鼠《こ》（ナマコ）、鰝鰕《えび》（エビ）、海松《みる》（ミル）が記載されている。これに面した大井濱には「則ち、海鼠・海松あり。（略）」とあり、この大井濱と後述する朝酌促戸の間にある南北二つの濱には「並びに白魚を捕る。（略）」とある。一方、入海の西半分の宍道湖には、秋鹿郡条に、「春は則ち、鯔魚、須受枳、鎮仁、鰝鰕等の大小雑魚あり。（略）」としている。入海はさらに楯縫郡、出雲郡と続き、いずれも「雑《くさぐさ》の物《ものども》等は秋鹿郡に説《と》けるが如し。」と共通した魚類を記しているので、中海と宍道湖は内湾の環境であり、両者とも入海と表記していることが頷ける。

中海と宍道湖をつなぐ、現在の大橋川は朝酌促戸として島根郡条に記載されている。ここでは、春秋にこの瀬戸を通過する大小雑魚を「荃を東西に亘《わた》」して捕獲することがみえ、荃という具体的な漁具が知られる。瀬戸の北側は島根郡朝酌郷、南側は意宇郡大草郷である。その後者を構成していた集落である松江市才の峠遺跡からは、大小の管状土錘、球状有孔土錘、木製浮子等が出土している。

出雲国の西の神門郡の出雲平野には、斐伊川（出雲大川）と神門川という二つの大きな河川が流れ込んでいる周囲が約一九㎞の神門水海があり、日本海に注いでいた。現在は神西湖としてわずかに痕跡をとどめている。鯔魚《ぼら》、鎮仁《ちに》、須受枳《すずき》、鮒《ふな》、玄蠣《かき》が記されている。これに注ぐ出雲大川には、年魚《あゆ》、鮭《さけ》、麻須《ます》、伊具比《いぐひ》、魴鱧《うなぎ》が、神門川には、年魚、鮭、麻須、伊具比が記されている。これらの魚介類から前述の入海は内湾、水海は汽水域であったことが推定される。この神門水海の面した出雲市上長浜遺跡は古代～中世のヤマトシジミを主体とした砂丘貝塚であるが、海面～内水面域に棲息する魚介類とともに、鉄製釣針、ヤス、各種の管状土錘の他に、外海での大型魚類の釣漁に使った大型の逆T字状施溝石錘も出土している。この他、入海に接した水海や河川にはフナ、アユ、ウグイの記載がみられ、斐伊川の中・上流域にはサケ・マスの記載がある。サケ・マスは『延喜式』では信濃国～因幡国までが貢納国であるが、平城京からは東接する伯耆国からサケの御贄木簡が出土している。奈良時代には出雲を含めもう少し西の国々まで貢納国となっていたのであろう。

内水面でのいまひとつ興味深いのは出雲郡の二つの江の記載である。「西門江　周り三里一百五十歩なり。東に流れて入海に入る。鮒あり。大方江　周り二百卅四歩なり。東に流れて入海に入る。鮒あり。二つの江の源は、並びに田の水の集まるところなり。」とあり、いわゆる鮒の水田漁撈を想起させる。なお、フナとともに沢山いたはずのコイは島根郡条法吉坡に一か所のみの記載である。風土記の産物が調庸物や贄の貢納を前提にしているとすれば、乾物や塩漬に適さないコイの特殊事情があったのかもしれない。

出雲の内水面でのスズキは、『古事記』の国譲り神話では、多芸志小浜において大国主神が健御雷男神を饗宴したときに、「栲縄《たくなは》の、千尋縄打ち延《は》へ、釣為《つりせ》し海人の、口大の、尾翼鱸《をはたすずき》、佐和佐和邇、控《ひ》き依《よ》せ騰《あ》げて、打竹の、登遠遠登遠遠邇、天眞魚咋《あめのまなぐひ》、献る。」と云って、延縄漁で釣った沢山のスズキを調理して天眞魚咋として奉っている。藤原京出土木簡には、「出雲評支豆支里大贄煮魚須々支」、「出雲国煮干年魚◯御贄」などがあり、出雲の漁民と律令国家の関係を示唆している。

三　北海《きたつうみ》の様相

海面での様相は、島根半島の島根・秋鹿・楯縫・出雲と、発達した砂州を持つ神門の各郡に記載がある。島根郡条には、「志毘《しび》（マグロ）、鮐《ふぐ》（フグ）、沙魚《さめ》（サメ）、烏賊《いか》（イカ）、蜛蝫《たこ》（タコ）、鮑魚《あはび》（アワビ）、螺《さざえ》（サザエ）、蛤貝《うむぎ》（ハマグリ）、蕀甲蠃《うに》（アカウニ）、甲蠃《かせ》（バフンウニ）、蓼螺子《からにし》（ニシ）、蠣子《かき》（カキ）、石華《せ》（カメノテ）、白貝《おふ》（バカガイ）、海藻《め》（ワカメ）、海松《みる》（ミル）、紫菜《むらさきのり》（ノリ）、凝海菜《こるもは》（テングサ）」を掲げ、「至《きはま》りて繁《さは》にして、稱《な》を盡《つく》すべからず。」として水産資源の豊富さを伝えている。秋鹿郡においては、「鮐、沙魚、佐波（サバ）、烏賊、鮑魚、螺、貽貝（イガイ）、蚌《うむぎ》（ハマグリ）、甲蠃《かせ》、螺子、石華、蠣子、海藻、紫菜、凝海菜《こるもは》」を掲げており、他の楯縫、出雲、神門の各郡は、「凡《すべ》て、北海《きたつうみ》の在《あ》るところ雑物《くさぐさのもの》は、秋鹿郡に説《と》けるが如《ごと》し。」とする。この中で、楯縫郡は「紫菜は、楯縫郡、尤も優れり。」とし特産物扱いにし、さらに出雲郡は「鮑は出雲郡尤も優れり。捕る者は、謂はゆる御埼の海子《あま》、是なり。」として潜水漁に長けた海人を特筆している。アワビは『延喜式』の五月五日の内膳司の料に隠岐鰒とともに出雲鰒があり、調や中男作物としても求められた。さらに、天平五年（七三三）『出雲国計会帳』には、水精玉とともに、上・中・下の品質の真珠を計三十個進上しているのはアワビ真珠と考えられる。

また、カメノテである石華（石花）は平城京の長屋王邸出土木簡にある。近年、島根県大田市(石見国)の中尾H遺跡から、表「二斗一升二合」、裏「石花」と書かれた木簡が出土した。

四 多様な漁撈活動

『出雲国風土記』の海浜部の集落で特に注目されるのは、島根郡の現在の美保湾に面した次の五浜である。すなわち、

宇由比濱　廣さ八十歩なり。志毘《しひ》魚を捕る。
盗道濱　廣さ八十歩なり。志毘《しひ》魚を捕る。
澹由比濱　廣さ五十歩なり。志毘《しひ》魚を捕る。
加努夜濱　廣さ六十歩なり。志毘《しひ》魚を捕る。
美保濱　廣さ一百六十歩なり。西に神社あり。北に百姓の家あり。志毘《しひ》魚を捕る。

とするマグロ漁の記述である。これら五浜は西から東に、半島の南に面した小規模な入

江が並んでおり、いずれも「志毘魚を捕る。」と記されている。このうち美保濱の神社は『延喜式』の美保神社で、美保濱が五浜の中心的漁村であったと思われる。初夏に回遊してくるマグロを五浜の漁民達が集団で入江となっている美保濱に追い込んで捕獲したことが想像される。おそらく入海にみえるイルカも同様な追込漁で捕獲されたのであろう。

これら五浜は島根郡美保郷にあたるが、飛鳥藤原京からは、美保郷の前身である福浦里からイカの貢納木簡が出土しており、風土記の記載を裏付けている。島根県松江市古浦遺跡や島根県隠岐島外浜貝塚からは古代~中世の鹿角製イカ用疑似餌が出土している。福岡県海の中道遺跡からは疑似餌とこれに装着されたと思われる鉄製釣針も出土している。

なお、島根郡条には「等等《とど》嶋　禺禺《とど》、当《つね》に住《ず》めり。」とあり、ニホンアシカの生息地を記すが、郡末の日本海の産物記にはみえないので、漁撈民の捕獲の対象になっていたのであろうが、風土記の時代には贄や調庸物からは外されていたと思われる。そして北海の産物で最も多くの記載のあるのはワカメである。これにノリが続く。『延喜式』では両者とも中男作物にみえ、隠岐国とともに都城出土木簡にも多い。外浜貝塚からは複数の鉄製鎌が出土しており和布刈鎌の可能性が高い。

また、奈良時代には既に成立していた内水面での延縄漁は、平安時代には日本海沖へも漁場を開発し、タイやアマダイが捕獲されていたことが『日本三代実録』陽成天皇元慶元年（八七七）九月二七日条において推定される。

さらに、前述した『古事記』の国譲り神話は、和布刈鎌による海藻の採取や製塩、鵜飼の存在を思わせる記述である。海藻はこの地方で塩草とも云うホンダワラで、藻塩焼による製塩がおこなわれていたと考えられる。律令期の運搬・焼塩用の製塩土器は、海浜部の遺跡のみならず、平原部や山間部の遺跡からも出土している。

五　小結

以上、『出雲国風土記』の記述を中心に、古代に日本海の水産資源と漁撈民について述べた。中世においては基本的には古代の漁法を継承するが、例えば、日御碕神社の神領地であった宇龍浦の漁撈民は、大敷網、河豚《ふぐ》釣船、焚入網、鱰《しいら》釣船、鰤《ぶり》釣船、和布刈舟、鰯《いわし》網等を所有し、海産物での貢租を負担している。そこには、釣漁、網漁とも、魚種に応じた漁撈技術の分化と、操業規模の拡大化がみられる。それに至る過程については他日論じてみたい。

引用・参考文献

秋本吉郎校注　一九五八「風土記」『日本古典文学大系』2岩波書店
内田律雄　二〇〇九『古代日本海の漁撈民』同成社
内田律雄　二〇一三『門遺跡・高原遺跡Ⅰ区・中尾H遺跡』一般国道九号（朝山大田道路）改築工事に伴う埋蔵文化財発掘調査報告書1島根県教育委員会
清光輝夫　一九五七『漁業の歴史』日本歴史新書
渋沢敬三　一九五四『祭魚洞襍考』岡書院
（「水産資源と漁撈民―『出雲国風土記』と考古資料―」『季刊考古学』第一二八号二〇一四）

あとがき

『出雲国風土記』は完本であるとよく耳にする。しかし、正確には完本のかたちを知ることができるということであって、決して完本ではない。何度も写本を繰り返すうちに、脱落や誤字記載が起きている中世末から近世にかけて写本された『出雲国風土記』が幸運にも三冊残っているのである。一般に、「細川家本」、「倉野本」、「日御碕本」といわれている古写本である。『出雲国風土記』の研究は、これら三つの写本を比較し、関係する史料を加えて検討し、現地比定を行うことから始まるが、その基礎作業は永久に続くのであって終わることはない。

三冊の古写本は、大きくは違わないけれども、細部では若干異なっている。一応、完本に近いかたちの『出雲風土記抄』や「万葉緯本」は、江戸時代の国学者が古写本を基に校訂し、脱落部分を補って、奈良時代に編纂された当時の『出雲国風土記』に復元しようとした研究成果である。この研究があるからこそ近代以降、そしてわたくしたちは基礎作業を続けられてきたと云えよう。仮に本書の中に少しでもそれに貢献する部分があるとすれば望外の喜びである。

おわりに、いちいちお名前をあげることはできないが、専門外のわたくしを『出雲国風土記』の世界に導いてくださった出雲古代史研究会の皆様、編集を手伝っていただいた石倉ひろみさん、拙文に目を通していただいた久保田一郎さん、そして内田塾の皆様に感謝する次第である。また、早くから出版のお話をいただいていたのにもかかわらず、読み返すたびに心が折れてしまうわたくしを辛抱強く待っていただいたハーベスト出版社長の谷口博則さん、福田衆一さん、沖田知也さんには、お詫びと感謝の気持ちでいっぱいである。

二〇一七年二月二二日

内田律雄

【著者略歴】

内田　律雄（うちだ　りつお）

一九五一年　島根県八束郡本庄村（松江市）生
日本大学法学部政治経済学科卒業
青山学院大学文学部史学科（考古学専攻）卒業
熊本大学博士（学術）
元島根県教育庁職員

著書
『出雲国造の祭祀とその世界』大社文化事業団（一九九八）
『古代日本海の漁撈民』同成社（二〇〇九）

山陰文化ライブラリー
10

発掘《はっくつ》された出雲国《いずものくに》風土記《ふどき》の世界《せかい》
――考古学からひもとく古代出雲――

二〇一七年五月二十一日　初版発行

著者　内田《うちだ》　律雄《りつお》

発行　ハーベスト出版
〒六九〇―〇一三三
島根県松江市東長江町九〇二―五九
TEL　〇八五二―三六―九〇五九
FAX　〇八五二―三六―五八八九

印刷・製本　株式会社谷口印刷

定価はカバーに表示してあります。
落丁本、乱丁本はお取替えいたします。

Printed in Japan
ISBN978-4-86456-245-4 C0020

山陰文化ライブラリーシリーズ

1. 伝利休茶室とその周辺
——復原された松江最古の茶室—— 和田 嘉宥著

2. 野口英世の親友・堀市郎とその父櫟山
——旧松江藩士の明治・大正時代—— 西島 太郎著

3. やさしく学べる古事記講座
——原文を読むと神話はもっとおもしろい—— 森田喜久男著

4. 松江城と城下町の謎にせまる
——城と城下の移り変わり—— 石井 悠著

5. 中海宍道湖の科学
——水理・水質・生態系—— 石飛 裕 神谷 宏 山室真澄著

6. 旧石器が語る「砂原遺跡」
——遥かなる人類の足跡をもとめて—— 松藤和人 成瀬敏郎著

7. 古代出雲ゼミナール
——古代文化連続講座記録集—— 島根県古代文化センター編

8. 古代出雲ゼミナールⅡ
——古代文化連続講座記録集—— 島根県古代文化センター編

9. 古代出雲ゼミナールⅢ
——古代文化連続講座記録集—— 島根県古代文化センター編

10. 発掘された出雲国風土記の世界
——考古学からひもとく古代出雲—— 内田 律雄著

「山陰文化ライブラリー」刊行のことば

人類は言語をもち、文字をもち、思考と記憶の伝達手段を手に入れて発達を遂げてきました。そして紙を発明し、約五百五十年前には活版印刷を発明し、知識の伝達は飛躍的に増大しました。

近年では、インターネットなど電子的メディアが急速に進歩し、これらは人類にとってさらに大きな恩恵をもたらしています。しかし、これら新しい情報伝達手段は、従来の方法にとってかわるものではなくて、むしろ選択肢を増やしたというべきです。紙の本は、依然として欠くことのできない媒体であることには変わりがありません。

人が住む地域それぞれには、アイデンティティがあり生活や文化、歴史が存在します。山陰にもこの地域ならではの生活や文化、歴史が存在します。この連綿とした人々の営みを書物という媒体に託して伝えていきたい。このシリーズの刊行にあたり、この地域を愛し、この地域のことを知りたいと思う読者に末永く愛されることを願ってやみません。

平成二三年十月一日

谷口博則